四季折々の八ヶ岳を楽しむ

69歳、しあわせを生み出す自然な暮らし

著者　ウリウリばあちゃん
撮影　春日井康夫

ナツメ社

はじめに

それぞれの時代、年齢で、生き方や暮らし方は変わったと思う。それとともに、私の考え方も少しずつ変わりました。10代はとにかく楽しんだ。20代は、葛藤しつつ楽しんだ。30代、40代は、自分や子どものことで、生活に追われていたかもしれない。50代になって、一人になった。でも、仕事が忙しかったので、あまりいろんなことは考えなかったかもしれない。その場を生きることに追われていたのかなあ？

それから、60代になって、このまま忙しさに追われた生活で良いのだろうかと思い、自分を取り戻すために、染め物講師の仕事をやめました。好きなことを仕事にして、自分を生きようと思った。世間の人は、60代にもなって、将来なんてないだろうっていうかもしれないけど、私はいつも将来を思っています。

私は将来こうありたいとか、そんなことを思っている夢見る69歳です。そして、一つ思うのは、その中に一本、自分を貫く軸をもっていられたら良いなあと。誰にも何にも左右されないもの。お天道さまが見ているというでしょう、そんな感じかな。お日さまもお月さまも平等に私たちを照らし、見ています。

夫は都会で相変わらずの一人暮らし、息子もとうに独立しました。40年前、村の集落で当時築百数十年の古民家での一人暮らしに戻っただけかもしれない。でも、あのころの私は、古い家の中で糸を染めて機を織って、自分の内なるものへと向かって修行僧のように暮らしていたように思う。息子を授かり、森に越して、生活と仕事に追われ、気づいたら、63歳だった。

あのころのように一人だけど、私の気持ちは内に向かうことはなく、どんどん広がるばかりです。一人で住んでいるのに、寂しい気持ちはありません。それは年齢のせいか、ネットのおかげで社会とのつながりを感じられるせいでしょうか？　あるいはお日さまやお月さま、森の草木や生き物たちとの一方的に感じている一体感のせいでしょうか？　残り少ない時間、やりたいことや知りたいことは膨張するばかりです。寂しいなんて思っている暇はないのです。

私は、人と合わせるのが苦手なので、山奥の生活を選んでいますが、実は出たがり目立ちたがりなのです。好奇心旺盛なので、30年くらい前からMacを使っています。iPadも初代から使っています。山奥にいても、一人でも、スマホ一つあれば、目立ちたがりでも自己満足できる。

そうだYouTuberになろう！　と思い立ち、始めたYouTube。

あれから早6年、あの時と同じように桜が咲いて、木々が芽吹いて、お日さまもお月さまも日々同じように森を照らす。その周りで少しずつ変わっていく人模様。

百年前の森はどんなだったのでしょうか？　百年後の森はどうなっているのでしょうか？　さまざまな森の景色に思いを巡らせる時が好きです。その瞬間、私も、森の中のカマキリやアリンコや木の芽になったような気分になります。

森の木の芽になって、アリンコになって、YouTuberになって、私はとっても忙しいのです。

一人で忙しがって、あたふたして、毎日探しものをして、お月さまを眺め、森を眺め、木の下で寝っ転がって、草刈りして、薪《まき》を作って、そうして巡っていく時間を楽しんでいきたいと思います。
皆さまにも、アリンコやナナフシやススキや鳥や風になって、私と一緒に森を感じていただければ、うれしいです。

ウリウリばあちゃん

目次

夏から秋へ

秋から冬へ

春から夏へ

厳しい寒さをやり過ごした木々は、
芽吹きの時を迎え、少しずつ葉を広げ、
その下では、生き物たちが、
貪欲に夏を貪ります。
私は、ひたすら草刈りに励みます。

卯月《うづき》 *April*
皐月《さつき》 *May*
水無月《みなづき》 *June*
文月《ふみづき》 *July*

散る花びらに身を置くもよし……村の春のお花見です

里から始まった春が、少しずつお山にもやってきます。固く閉じていた小さな冬芽《とうが》が膨らんで、桜が咲きました。この村にも、やっと春が訪れました。

毎年恒例、お寺の鐘楼堂の上で楽しむお花見です。エドヒガンがまず咲いて、少し経ってソメイヨシノ、もう少し遅れて、花桃が咲きます。今年は何故か一斉に咲きました。

お寺の周りの八重の桜をいただいて、桜餅と、田んぼの畦《あぜ》で摘み取ったよもぎで餅も作ります。

東屋のかまどに火を熾《おこ》し、産毛の気持ち良いよもぎの新芽をグラグラ沸いた鍋で茹でました。茹で上がったよもぎを小さく刻み、米粉と餅粉を練った中に入れて混ぜます。萌葱《もえぎ》色になった粉を餅に丸めていきます。白い粉の餅春の訪れが遅い村。まだ小さいよもぎをたくさん集めましょう。

よもぎ餅と八重桜の花をのせた餅。大きさは不ぞろいだけど、満足の味。

の上には八重の桜を添えました。

蒸し上がった春の餅とお茶を携え、方丈さんと私は鐘楼堂のはしごを一段ずつ上がります。上がった先には、満開の桜や花桃が広がっています。

少し赤みのあるエドヒガンや白っぽいソメイヨシノ、赤みの強い花桃など、空から眺める花々の色を楽しみます。

ヒヨドリやウグイスたちが囀《さえず》り、水を張った田んぼでカエルが鳴いています。境内を流れる小川もさらさらと加わります。

春の音を聴きながら、桜餅とよもぎ餅を口いっぱい詰め込んで、おいしいお茶をいただきます。

時代を超えた村の春の風景が、その前も、今も、これからもずっと続いていくことでしょう。

（上）鐘楼堂の上では桜と同じ高さになれます。少しだけ桜になった気分が味わえます。（下）春は桜。いつの時代でも、日本全国津々浦々でそれぞれの春。

村の春のお花見です

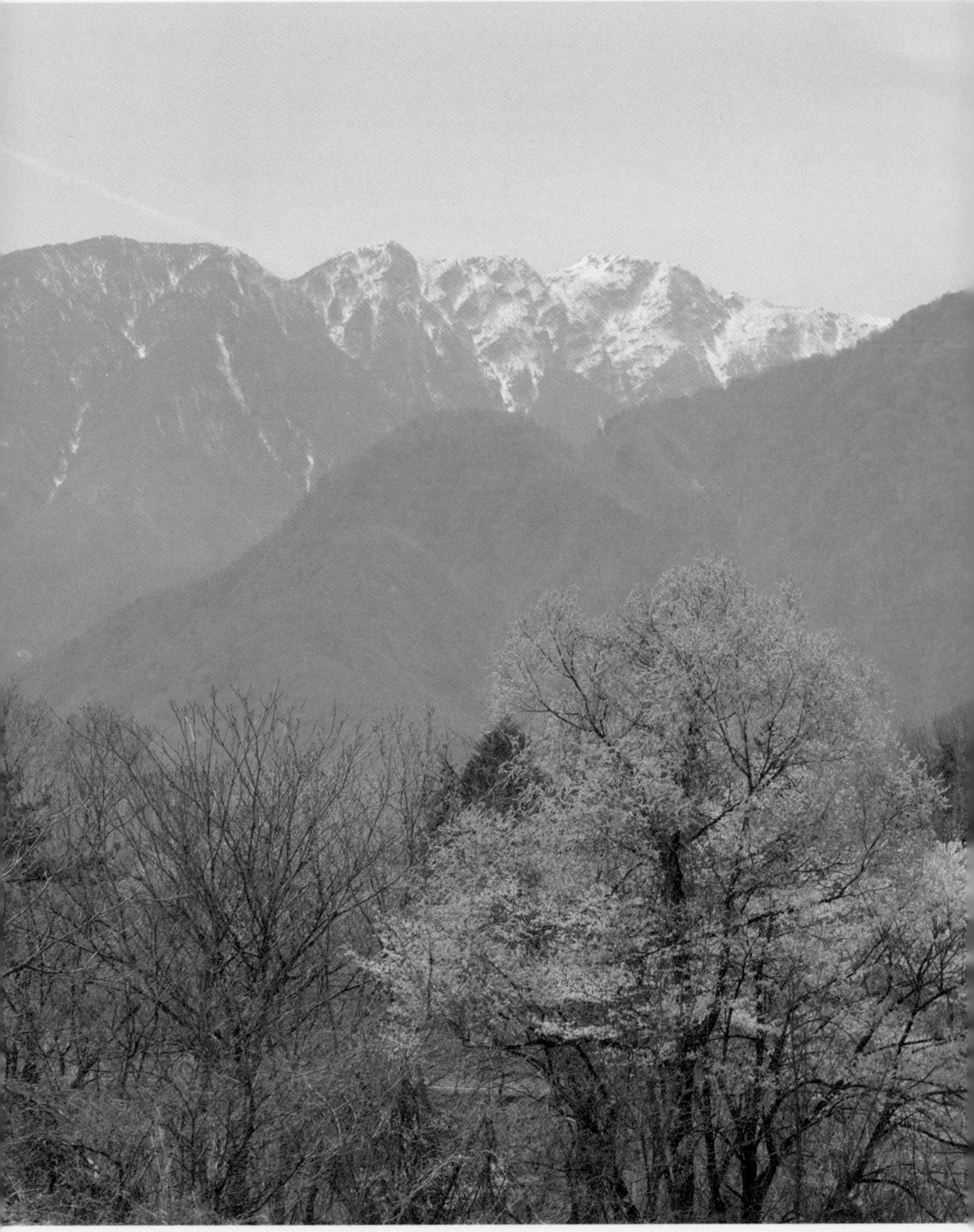

残雪の山々と桜。冬と春が交差する季節です。

森の生活 いちばんのしあわせ
新鮮なタラの芽がおいしい!

我が家は森と地続き、庭はほとんど森です。よって、タラの木は我が家の植木のごとく、すくっと生えています。タラの木は、植木としては、形の良いものではありません。オフシーズンのタラの木ほど邪魔くさい、うっとうしいものはありません。しかし、年に一度、春の芽を食べる楽しみのために、植木として価値はなくとも、ありがたく植えておかねばなりません。

寒い冬を木々も、動物たちも私も、どうにかやり過ごしたころ、冬芽を抱えていた木たちが、どんどん芽吹き始めます。それから、桜が一斉に咲いて、ずんずんタラの芽が膨らんで、木のてっぺんに芽を広げます。楽しみにしていたタラの芽です。なんでも大きくなりすぎたものって大味でおいしくないですが、タラの芽は、芽の付け根の部分が大きいものほどホクホクしていておいしい。だけど、芽は開いていないものが良いです。

この年、一番に見つけたタラの芽です。

タラの芽は付け根部分がふっくら大きいほどおいしい。まずは天ぷら。次に炊き込みご飯。

2本の木を交互に手繰り寄せていくとかなり高い位置のタラの芽も採れます。

このかぎ状の部分が枝の下側です。手に持つ側が木の上側になります。

私は、いつでもタイムリーに一番おいしいタラの芽が食べられるけど、購入する人や山に採りに行く人たちは、一番の食べごろにちょうどいただけるというのは、いろんな都合があって難しいかも。

一番早いタラの芽が木のてっぺんにできたら、大きな芽ができる木を狙います。大きい木は3m、いや、もっとあるかもしれません。そのてっぺんにホクホクのおいしいタラの芽がくっついています。なんとか、手を伸ばして採れるものもあるけれど、大きい芽がくっついているのは、背の高いタラの木のてっぺんです。幸い、タラの木はバネみたいな柔軟性があります。

まず、タラの芽採り棒を作ります。なるべくまっすぐの木を130cmくらいの長さにして、木の下側にある、程よい太さの枝を15cmくらい残して切ります。そうして枝をさかさまにするとかぎ状になるので、そこに引っかけます。

このタラの芽採り棒を2本用意して、まず1本タラの木に引っかけ、その次の高さに2本目を引っかけ、またその上に引っかけていき、徐々にタラの木のてっぺんに近づけていきます。そして、フクフクの大きな芽を優しく、採ります。タラの木は棘があるので、木が滑らず手繰り寄せられます。芽を採るときは、皮の手袋をつけていると、棘が刺さりません。

タラの木は驚くほど柔軟性があるので、さほど太い木でなければ、おもしろいようにしなります。以前、草取りをしていて、小さめのタラの木が私の額に勢いよく飛んできたことがあります。いつも帽子をかぶっているのに、その日は帽子をかぶっていなくて、額に棘が直撃してしまいました。自分で抜けなくて、近所の病院で抜いてもらいましたが、棘を取ったとたんに、出血して、えらい災難でした。おいしいものを抱えているものたちは、さまざまな防御方法を考えているんですね。

さあ、タラの芽をおいしくいただきましょう。やっぱり天ぷらが一番おいしいです。天ぷらに飽きたら、ごま和えとか、ごま油で炒めてお醤油味で佃煮みたいにしても良いです。今日はお釜でご飯を炊いて、タラの芽ご飯を作りました。

お釜で炊いたご飯というのは、ご飯本来の味がするというのか、炊飯器で炊いたご飯もおいしいんだけど、おいしさのレベルが違う感じがします。そこに採れたてのタラの芽を入れて、蒸します。タラの芽の風味とお釜ご飯、ただこれだけのシンプルなものですが、これ以上のごちそうはないと思うほどおいしいです。

1
―
2
―
3

1 蒸し上がったご飯の蓋を取ると、タラの芽の匂い、春の匂いが広がります。
2 山菜はやはり香りをいただくという感じでしょうか。森の春を体中に満たしましょう。
3 お箸は桜の小枝で作りました。

気分は早乙女《さおとめ》 5月の空に囲まれた田植え日和《びより》

本日大安吉日五月《さつき》晴れ、田植え日和《びより》です。いつものように、お寺の田んぼで田植えが始まりました。たくさんの水が満たされた田んぼには、遠くのお山が映り、キラキラ輝いています。その水面へ、数本ずつ苗を植えていきます。

スリランカで育ち、幼いころに親しんだ田んぼ作業が懐かしくて、毎年参加するトシ君は、長い手足を器用に操って、ものすごいスピードで苗を植えていきます。田んぼの主の方丈さんも、黙々と植えていきます。山菜採りのエキスパートらしい初見のおばちゃんは初田植えだそうですが、仕事が早い。私は田んぼ用長靴にモンペと手ぬぐい、麦わら帽子、気分はすっかり早乙女。元映画衣装部、がっつり決まったと我がいで立ちにご満悦。されど、残念ながら、体がついていかない！ やる前は、田植えなら任せなさいと大見え切った割には、皆さんの足だけは引っ張らないように苗を田んぼ

玉ねぎの皮で染めたTシャツと藍染めの手ぬぐい、モンペと田んぼ用長靴と麦わら帽子。

5月の空にかこまれて「ううん」と背のびをしたら、お日さまに届くって。

お空を映した田んぼに苗を植える山ガールおばちゃん、気分は早乙女ばあちゃん。

にねじ込むことに必死。こんな時に、先日93歳の母が電話越しに幼いころを
思い出して歌っていた田植え唄を歌えればよいのだが、どんな唄だったかな
あ、もっと真剣に聞いておけばよかった。後悔がよぎります。
苗がまっすぐ植えられない私は「印がないからだ!」と、上手に植えてい
る人たちに訴えます。「それ言い訳じゃない?」と、トシ君のきついツッコ
ミが入りました。もちろん流ちょうな日本語で!

いい加減、田植えに飽きたころ、トシ君がスリランカチャイを作ってくれま
した。実家の庭先で採れるというシナモンやクローブ、カルダモンなどのスパ
イスをたくさん入れて、背の高いトシ君が高々上げた先からヤカンの中のチャ
イを下の鍋に注ぎます。鍋とヤカンと交互にチャイを入れ替え、泡立つほどに、
おいしくなるようです。トシ君のチャイと私が作ったカンパーニュ。カンパー
ニュにはお寺でいただいたカヤと姫ぐるみの実と干し柿が入っています。

5月の青い空はどこまでだって続いています。田んぼに映ったお空の中に、
苗の束を分けて、少しずつ植えていきます。お空と田んぼとお山に囲まれて、
みんな黙々と働きます。トシ君は、故郷スリランカの田んぼに思いをはせて、
山のおばちゃんは、初めての田植えに心躍らせているかも。田んぼの主の方

丈さんは、私の曲がりくねった苗の行列の手直しに頭を抱えているかも。そして私は、5月のお空の中にばっちり決まった装いで田植えすることに興奮していました。

お昼は、山梨式お赤飯を作って行きました。小豆の代わりに市販の甘納豆を入れ、もち米にうるち米を少々入れて炊きます。市販の甘納豆をご飯を蒸らす段階で入れるだけなので、普通のご飯炊きのごとくちゃっちゃとできるのが、忙しい山梨かかさんたちに受けていたようです。私は、甘納豆を手作りして、お赤飯を作ってみました。甘いので桜の塩漬けをそえたおむすびにしました。田植えは、農作業の始まり、お米で生きてきた日本人、甲州人にはめでたい一年の始まりです。田植え作業には、ちゃっちゃとできるお赤飯で祝う、しかも、労働をした体は、甘いご飯で隅々までよみがえりそうです。さあ、午後の作業に我ら4人は、再び、お空田んぼに足を入れます。

いつまでもどこまでも続く、5月の空と山々と、きらきら輝く田んぼ、そして、早乙女2人と手足の長い男衆、我らでこぼこ衆で、いつまでもどこまでも続く、5月の空と山々と、きらきら輝く田んぼの田植え。

写真左から、山ガールおばちゃん、スリランカのトシ君、山寺の方丈さん、
「田植えなら任せて」と、口だけ番長ウリウリ。

やっぱり稲刈りも上手だったトシ君、やっぱり稲刈りも下手だったウリウリばあちゃん。

梅仕事の日は「神様へのご奉仕の日」

今年も梅仕事の季節が来ました。

まず、青い梅をはちみつや醤油、砂糖に漬けます。特に青梅の醤油漬けは、梅もおいしく仕上がりますし、醤油もお刺身や煮物などに、すごく重宝します。以前は、時間と手間のかかる黒梅も作っていましたが、根性なしの私は、黒梅は購入することにしました。この黒梅は調子が悪い時、特に胃腸の具合が悪い時に飲むとすぐに治ってしまいます。

梅仕事のハイライトは、やはり梅干し作り。たくさんの梅をざるに広げて、お仕事を始めます。梅の少し甘みのあるさわやかな香りと、柔らかい赤みのある黄色が家の中いっぱいに満ちると、私のしあわせスイッチが入ります。

熟した梅はまず洗って、乾いたら、ヘタを丁寧に取ります。それからホワイトリカーにつけて、塩をまぶし、梅酒瓶に入れていきます。以前は重石を土用のころのカンカン照りのお日さまの陽に十分当てて、梅を干しあげます。

梅は毎日、瓶に入れた梅酢に戻して、また、一つずつ丁寧にざるに広げます。

いつもの南高梅です。3日間干しても、程よい水分を保ってできあがる大きさです。

今年は甲州小梅を漬けてみました。小さいので、酸っぱくても食べるのが楽です。

していたのですが、ここ5年くらいはずっと重石をしないで、塩をまぶした梅を毎日振って、塩が当たるようにします。数日経てば、水分が出てきます。その瓶を毎日振って水分を梅にいきわたらせます。

できて1年くらいで食べてしまえばよいのですが、何年も保存するとなるとやはり塩は多いほうが良いように思います。何年も経った梅はより健康効果が高いといわれています。私は、1年くらいで食べてしまうものは14％で、長期保存するものは18％で漬けます。私はいろいろなことをきっちりするのが難しいＡＤＨＤ人間ですが、この塩の量だけはしっかりはかります。

迷信でしょうけど、梅にカビをはやすと家によくないことが起こるといわれています。もう15年くらい前、体験工房の講師を始めてかなり忙しくなって、手抜きで梅干しを作っていた時に、カビを作ってしまったことがあります。その時は、とても気分が重くなりました。何も悪いことは起こりませんでしたが、それ以来、怖くて作っていませんでした。

お勤めもやめ、梅仕事に十分な時間がかけられるようになったので、また再開しました。梅干しを漬けるということは、家族、そして自分の健康のため、いい加減な気持ちで行ってはいけないと心しました。

重石をしない梅干し作りは、塩の分量をはかり、容器を前もって熱湯消毒するか、あるいはアルコール消毒し、傷のある梅は使わないということを守れば、カビることはないように思います。

赤しそが出回ったら、塩でもんで入れましょう。これは入れない人もいますが、赤しそは健康に良い効能がたくさんあるので、あれば入れたほうが良いと思います。それから、土用のころ、晴天続きの日を見計らって梅を干します。一日一度は梅酢の中に戻します。3日3晩夜露に当てるのが良いようですが、雨が降ると怖いので、夜だけサンルームの中に入れています。こうして数か月手塩にかけた梅干しができあがります。

梅仕込みは一年の大切な行い、梅仕事の神様へのご奉仕のように感じ、梅を扱うときは不思議と気持ちが引き締まります。その年の梅やお日さまにお伺いをたてながら、年に一度はこういう日々があっても良いかなあと思っています。

梅と塩を入れた瓶は、毎日汁がかかるように振ります。日々の変化を眺めるのも楽しい。

梅干し、醤油漬け、メープルシロップ漬け、はちみつ漬け、甲州小梅の梅干し。

お日さま色のキイチゴはお日さまの味がする

梅雨になって、大好きなコアジサイが咲きだしました。コアジサイには、潔い清《きよ》さみたいなものを感じます。とっても小さな花たちが集まって繰り広げる存在感を愛おしく思います。小さな花を支える茎から、その先端のおしべまで、透明な青紫色なのです。その清さが「私たちはここで咲いていますと、無言の主張をしているような、ただ、そこにあるだけで醸し出すもの。私とは真反対のようですが、願わくば、コアジサイのように生きたい。単なる願望、あこがれです。

そして、コアジサイと同じころ、お日さま色のキイチゴがぽつぽつと実ります。このキイチゴも控えめに、枝の下側に向かって実をつけるので、うっかり見落としてしまいそうです。それでお日さまに見つけてもらうためにお日さま色をしているのでしょうか？

コアジサイ。どこまでも清楚に、小さなものたちが集まって醸し出す潔さがあります。

お日さまにあこがれたお日さま色のキイチゴたち。小さなお日さまみたいに
森の中で輝いている。

1
2
3

1 70代の新たな時間を森のみんなと歩んでいきたい。

2 エゴの花。白い可愛らしい花が下向きに咲きます。

3 いつ植えたか覚えていませんが、アヤメも。

6月の森は、早朝から小鳥たちが甲高い声で囀《さえず》りあっています。

小さなお日さまのように輝く実を、枝のとげとげに気をつけて、一つずつ丁寧に摘み取ります。上を見上げれば、下向きに咲いているたくさんのエゴの花たちが、私のキイチゴ摘みを見ています。その隙間から、お日さまの陽がキイチゴを照らしています。私もおすそ分けの木漏れ日をいただいて、お日さま色になれるかなあ。

私は、この時期に生まれたので、コアジサイの花とキイチゴが森からのバースデープレゼントのように思えて、余計にこの二つは愛おしく感じます。

摘んできた実を使って、ガレットを作ります。森の青々とした時間が、口の中いっぱいに広がります。

お日さま色のキイチゴはお日さまの味がします。私の口の中は、お日さま色でいっぱいになって、しあわせで満たされます。

ハッピーバースデー私、60代最後の年のしあわせをいっぱい貯め込んで、70代に向かいます。

ありがとう。お日さま色のキイチゴとコアジサイと、エゴの花と森のみんなと、そしてお日さま。ありがとう、私の大切な森の時間。

小さな自作のかごいっぱいの小さなお日さま、森から私へのプレゼントです。

お日さま色の
キイチゴのガレット

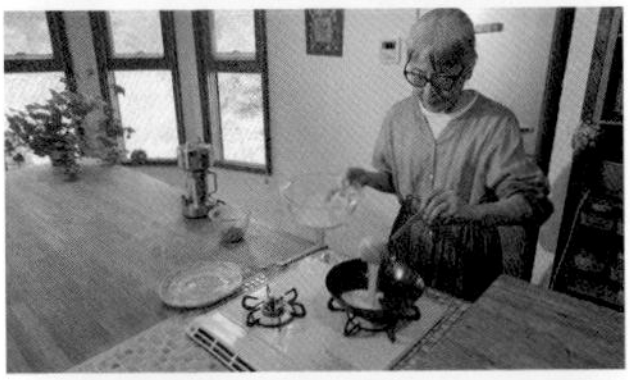

1 キイチゴに適量の砂糖を振りかけて、冷蔵庫に入れてしんなりさせます。

2 そば粉100ｇに水を250㎖くらいと塩をひとつまみ入れて混ぜます。

3 フライパンをあたためて、食用油を少しひいて、おたまに１杯くらいの生地を弱火で焼きます。

4 焼き上がったら、冷蔵庫でしんなりさせたキイチゴをのせて包んで、いただきます。

緑でいっぱいになった桜も森の樹木もお日さまを謳歌する季節。

小鳥たちの囀《さえず》りを聞きながら いざ6月の森へ

梅雨真っ最中というのに、晴天が続いていましたが、昨夜はやっと雨が降りました。森の小鳥たちはせわしなく囀りあって、いろいろな鳴き声が四方から聞こえてきます。一体あなたたちは、何を言いあっているのですか？　私も仲間に入れますか？　お空のてっぺんから、カラスがカアカアと割って入ります。アリンコも、ブンブン蜂たちもみんな活動しています。

木の葉っぱはわずかにそよぎ、ススキの葉やヨモギたちは、鈍感に木の葉っぱのゆらゆらを無視しています。昇ったお日さまにこたえるように、まだ朝露を蓄えたススキや白樺の葉っぱたちがキラキラ光っています。キラキラのススキの葉っぱを分け入って、森の中へ。

雨上がりの早朝の森の中では、クモたちが幾何学模様の巣を張り巡らして、虎視眈々《こしたんたん》と獲物を待ち受けています。

朴の大きな葉の間から注ぐおすそ分けの木漏れ日を、ありがたくいただく植物や
虫たちがいっぱい。

森の小鳥たちは、せわしなく囀りあっています。「あなたたちは何を言いあっているのですか」

1
2
3

1 トラノオの白い花は凛々しいです。
2 6月の森にホタルブクロの控えめな色と形がとても合います。
3 ウリハダカエデのプロペラに乗って森を一周したいなあ。

雨上がりのキラキラ輝く巣を壊さないように、慎重に、森の奥へ。

トラノオが白い花のシッポをお日さまにいばって咲かせています。ホタルブクロの花は控えめな紫色、6月の森にピッタリの花です。たくさんお日さま色の実をつけていたキイチゴの葉っぱは、もう先っぽが赤く色づいています。

ウリハダカエデはプロペラの羽根みたいな実をたくさんつけています。葉っぱは虫たちのお気に入りです。くるんと丸めて、卵を産んでいます。ウリハダカエデを見上げてごらん、たくさん丸まった葉っぱがあるよ。

たくさん咲いていたエゴの花は、たくさんの小さな実になってぶら下がっています。小さな花を空に向かってたくさん咲かせていたリョウブは、白い実をいっぱいつけて花火みたいにバチバチ空に向かって伸びています。

ヌルデの木には、去年一房だけ五倍子ができた、今年もできるかな。

今年も五倍子ができたら、グツグツ煮出して染めましょう。染め上がったら、森で生まれた紫ネズ色を纏《まと》って、どこへ出かけましょうか？

ススキの中をぐるぐる走ってみようか。

森のみんなに尋ねてみよう、「私ってイケてる？」

イケてる私は置いといて、森の中の散歩を続けよう。

コムラサキシキブはかわいらしい花を咲かせています。そのうち、かわいらしい紫色の実ができます。

山椒の木には緑色の実がたくさんなっています。すごく良い香りです。実をたくさんいただいて、粉山椒を作りましょう。実が乾燥したら、はじいた黒い種を手作りした山椒のすりこ木で擦ります。山椒の香りがいっぱい広がります。

朴《ほお》の木には、とっても大きな葉っぱがたくさんついています。さあ、一枚いただいておむすびを包んで、コジュケイが、チョットコイと誘っている森のずっとずっと先まで、行ってみましょう。

五月雨の森で生まれた
朴の葉にむすび包んで
いざ水無月へ

（上）山椒の実。中の種を出して干し、粉山椒を作りましょう。（下）下向きに咲いていたエゴの花は、下向きの小さな実になりました。これでいつか石鹸を作ろうと思っています。

待っていてくれる喜び 原村高原朝市

信州原村、八ヶ岳美術館前の原村ペンションビレッジ朝市広場にて夏の間、朝市が実施されます。すでに今年で34回目。私がこの朝市に参加するようになったのは、こちらに移住した約30年前からです。

近所のおばちゃんたちが、野菜や自宅でできた花をドライフラワーなどにして販売していました。それから、陶芸や木工やっている人、機織り、染め物、ガラス細工などのクラフト作家も三々五々集まってくるようになりました。

当時はそんな言葉は使われませんでしたが、今でいうマルシェってやつでしょうか？　やっぱしフランス語で言うとハイカラです。

今もそうですが、出店者の中には、ユニークな人たちがたくさんいました。「八ヶ岳を下る気流に当たった野菜はおいしくなる」という持論を実践して野菜作りをしていた冒険家の男爵。原村名物ぼろ機織りをしていた織ばぁ

朝市広場には野菜、クラフト、お菓子、パン、コーヒー、加工食品など
さまざまな店が並びます。

短時間なので、手際良く店開きしなくてはいけません。夏なので藍染めを中心に。

ちゃんは、腰が90度に曲がって小さくってかわいらしい人でした。商う品物は、織った物、花や野菜、ドライフラワーなど、彼女の自作の物をあれこれいっぱい。最初は嫁さんの車に乗って来ていたのですが、一念発起、75歳で、自動車学校に通って免許を取り、自力で来るようになりました。100万近くかかったらしいです。自動車も買いました。その1割も回収できたかどうかわかりませんが、朝市をとても楽しんでいました。持てないような大きな冬瓜を引きずって来たことがありました。案の定売れなくて、一日の終わりにまた、やっとの思いで車に戻します。それでも朝市が好きで毎朝通っていましたが、帰り道、居眠りをして藪の中に突っ込み車を壊してしまいました。

織ばあちゃんは免許取った75歳くらいから80歳くらいまで毎朝、朝市に通っていました。80歳までならあと10年あります。私も織ばあちゃんみたいに元気に朝市に通えるといいなあ。年々歳々来てくれていたお客さんたちも、気づいたら来なくなっています。人間一人が体験する30年の歴史というのは、短いようで長いものです。

さあ、今年もがんばって朝市を楽しみましょう。6時過ぎに準備していると、朝ご飯前のペンションのお客さんや、別荘暮らしの人たちがやってきま私とのおしゃべりを楽しみに来てくれる常連さんもいて、あっという間に時間が過ぎます。

す。少しずつ店開きをしていると、常連さんたちが声をかけてくれます。「今年も会えたね、ここで毎年1枚ずつTシャツ買うのが楽しみなんだ」。

朝早く出かけるのは、少し大変だけど、こうして私を待ってくれている人がいると思える瞬間がとてもうれしい。大げさかもしれませんが、生きてて良かったなって思える。そういう小さなしあわせの積み重ねが、集まって大きな馬力になるんだと思います。よしがんばって、小さなことを積み重ねていこう。みんなのしあわせも私のしあわせも重なって大きなしあわせを作ろう。大きなしあわせパワーは、きっと、いろんなものを変える力があると思うの

おいしそうな物がとにかくいっぱい並びます。目当ての物がなくても見て回るだけでも楽しいです。売り手も、ついつい、あれやこれやの買い手になるのが、この朝市の特徴でもあります。

Tシャツがやっぱりいちばん人気。同じに見えて1枚ずつ違う染め上がりです。

私のYouTubeを見てくれている人も年々増えています。

です。私のお店開きは続きます。

コーヒーやパンやクッキー、ケーキ、おむすび、サンドイッチをほおばりながら、地元の手作り作家さんたちの力作を見て回るのも楽しいよ。5分間のマッサージをしてくれる人もいます。私は昨日の夕方から何も食べていないので、お腹がすごくすいていています。周りはおいしそうな手作り品であふれています。ところが、倹約家の私は、自作おむすびかパンでお腹を膨らませ、朝淹れたコーヒーを優雅に飲んで、買うのは、野菜くらいですが、周りのお店を一通り見物して歩きます。

かつて、ここで男爵がトマトを売ってた。私の隣は、たくましいゆっきいだった。幼い子をおんぶして、他に3人の子どもたちを引き連れてドライフラワーのお店をやっていた。怪しいクリスタルやムートン売ってた人もいたなあ。織ばあちゃんは、みんながとっくに店開きした後に、へたな運転で会場内に乗り入れてきて出店者のひんしゅくを買ってた。30年分の光景がぐるぐると脳裏を横切り、今朝のにぎやかな朝市の風景と重なっていきます。

もう少し、私はこの原村高原朝市を楽しみます。

皆さん、もう少し私とお付き合いください。よろしくお願いします。

夏なので柿渋、べんがら、墨、藍染めなどの帽子も販売します。

真っ青な空の色に染める 藍の葉染め

私が機織りを始めたのは、もう40年以上前になります。

八王子の元織物工場で教えてもらいました。幕末期より、八王子は横浜まで絹を運んだ『絹の道』の起点で、たくさんの絹が集まる場所でした。その関連で糸を染めて自動織機で織る工場もたくさんありました。

その需要は、戦後の物不足でピークを迎えます。織機がガチャンとなれば、万札が転がり込んだといわれる、いわゆるガチャマン時代には、のこぎり屋根の織物工場がたくさんできました。職人さんの弁当箱の中には、財布に入りきれなかった万札が入っていたともいわれるような時代だったようです。当時は、そんな体験をした職人さんたちがまだ残っていて、彼らに多摩《たま》絣《かすり》、多摩《たま》織《おり》を教えてもらいました。

その当時の染めは化学染料でしたが、私の感覚に合わず、独学で草木染め葉の不純物をとるため、90度で10分煮て、液を捨てます。

真っ青なお空の色に染め上がりました。

の勉強をしました。藍染め以外の植物で青色を出すのは、臭木《くさぎ》くらいなので、藍染めをするのは、私にとっては、必須のことでした。独学で本を読み漁り、経験を積んで今日に至っています。

藍の成分、インディゴ成分が入っている植物は、藍色に染まります。インドのマメ科の木藍《きあい》、沖縄のキツネノマゴ科の琉球藍、ヨーロッパのアブラナ科のウォードという藍。日本の本土で藍というと、たいていタデ科の蓼藍《たであい》です。

藍色の成分がこの草にはあるので、育った藍の葉っぱをミキサーで汁にしてそれを搾って、布につけて、空気に触れて酸化させるときれいなブルーに染まります。布はシルクなどの動物繊維が良いです。これはとても簡単なので、藍を育てて、ぜひやってみてください。

木綿など植物繊維に染めたい時は、絞った汁にソーダ灰を入れて液を緑色にします、そこへハイドロサルファイトコンクを入れた液で空色が染まります。

藍の葉っぱには藍の成分があるので、布の上にダイレクトに葉っぱを置いて、それを叩いて藍成分を染めるやり方もあります。この叩き染めも、簡単

1

2

3

1 我が家では鹿に藍草を食われるので、作っていません。これはいただいた丸葉の藍の葉。
2 乾燥させた藍の葉はお茶にもなります。
3 藍の葉からインディゴ成分を取り出すために、ハイドロという薬品を入れます。

藍の葉の不純物を濾します。

藍の華が咲いて、藍がよく建っています。

にできます。

この他にも藍草を発酵させたのちに乾燥させた塊「すくも」を作り、また発酵させて染める、いわゆる世間一般の人が思う藍染めもあります。その他に、すくもを発酵させないで、薬品で染まる状態にして染めるやり方もあります。

それとは別に藍の葉っぱを発酵させないで、乾燥させてその藍成分を藍が染まる状態にして染めるやり方もあります。

夏になったら、春に種をまいた藍がたくさん育ちます。次の年からは種をまかなくてもこぼれ種でどんどん増えます。蓼《たで》食う虫も好き好きといいますが、藍も同じ仲間のタデ科です。旺盛な繁殖力があります。

ここに越した時に植えた藍で毎年たくさん藍草が育っていましたが、5～6年前からでしょうか、このあたりにも鹿がものすごく多くなって、私が植えたパンジーやユリ、バラの花や、アジサイの葉、カナメ、椿などの葉っぱもお構いなしに食べます。大きく育った藍も、鹿に食べられてしまいました。

なんと藍の葉は、体にも良い効果があるそうです。本場徳島では、藍茶が売られていますし、手作り石鹸には藍を入れたものもあります。一説には、アトピーや水虫に良いともいわれています。

古来より、薬草として藍草は使用されていたようです。蛇などに噛まれたときや、虫に刺されたとき、藍草を手でもんで汁を患部につけるとよいともいわれています。このような解毒効果や抗酸化作用、そのほかにもさまざまな薬効があるらしいのです。

実は、鹿はハーブ類は好きではないと思っていましたが、藍には鹿の嫌いな要素は残念ながらないようです。そういうわけで、私の家では藍は育たないので、友達の家でいただいた乾燥葉で染めました。藍のすくもを使って、容器の中で、藍が染まる状態にすることを藍が建つといいます。

藍草を発酵させたすくもを用いて藍を建てないと、濃い藍色には染まりません。しかし、藍の生葉染や乾燥葉の染は、濃い藍色にはなりませんが、とっても華やかな夏空の色になります。

絞った汁につけるだけの生葉染めや布に葉っぱを叩いて藍色を染めるなどは、本当に簡単です。プランターでも藍は十分育ちますので、ぜひやってみてください。

今年しかない夏の真っ青な空色を夏の思い出にしてみてください。

1 筒に巻いた布の両側から押して、幅を縮めます。中に隠れた部分が白くなります。
2 染めたら、水に酢酸を加え、よく洗います。
3 折りたたんで板で挟んで模様を作った手ぬぐい。

夏から秋へ

勢いを貯め込んだ草木は、
色とりどりの葉や実でいっぱいになって、
収穫の時が始まりました。
今年もこの季節を楽しめることに、
すべてのものに感謝します。

葉月《はづき》 August
長月《ながつき》 September
神無月《かんなづき》 October

廃屋ＤＩＹ女子がんばる！新たな家、新たな生活を作る仕事です

近所に住む友だちのゆっきぃが古い別荘を手に入れました。古民家を通り越して、廃屋というイメージにピッタリのところです。最近では高齢になって別荘を手放す人もいれば、八ヶ岳にあこがれ、移住のためなどで別荘を求める人もたくさんいます。この別荘は標高１０００ｍを優に超えかなり高いところです。気密性の良い家なら、寒い冬も快適に過ごせるでしょうが、この状態では、普通の人には厳しいかもしれません。女子一人でこのぼろ家を手直しするのは、大変です。高いところが苦手な身長150㎝の私がどこまで役に立つかわかりませんが、手を貸すことになりました。

家の中には、先住者の荷物があふれていました。布団のかかったこたつや、服もたくさん。食器やそういったもろもろの物を始末するところから始めました。家の真ん中の部屋には、すごくぼろですが、ピアノがあります。音楽

の好きなゆっきぃは、このピアノを気に入っているようです。

しかし、問題はいろいろあります。屋根には、木が倒れてきて、穴が開いて雨漏りがします。部屋の隅には、いつか設置するつもりだったのか、こぢんまりした薪《まき》ストーブが置き去りになっています。薪ストーブ設置には煙突が必須アイテムです。が、この家に煙突はありません。煙突をつけるには、

屋根の上にも枯れ葉が積み上がっています。
私は高いところ苦手、見てるだけ！

ゆっきいのお気に入りのピアノをポロロン。

チェーンソーでがんがんデッキを解体します。

屋根か壁に穴を開ける大変な工事が必要です。ところが、なんとこの家には屋根に穴が開いていました。「ここに煙突をつければ、屋根修理と煙突設置が一挙にできる」とゆっきぃは考えました。さすが、我が友、頭いいなあ。しかし、ストーブ設置は素人では危ないので、お金が貯まったら、プロにお願いするということに！　早くお金が貯まるといいね。

外のウッドデッキは腐っていて、気を付けて乗らないと危ないです。まず私は、このデッキをチェーンソーで全部切ってしまうことにしました。野ざらしのウッドデッキは傷みやすい、理想は1年に1回の塗り替えが必要です。そういいながら、実は我が家のデッキは2年もペンキ塗りをしていません。今年中に何とか塗りましょう。家のメンテナンスを怠ると、どんどん劣化します。たとえぼろ家でも、メンテナンスの行き届いた家は長持ちします。雨どいやデッキの上のごみを取り除くとか、そんな些細なことでも、手を加えていれば随分違います。

いつからこの家には人が住まなくなったのでしょうか？　庭には、子どもたちが遊んだであろう、ペンキでかわいらしく塗られた小さな小屋があります。一家で楽しく過ごした日々の名残です。この人たちは今どうしているのでしょうか？　今もしあわせであってほしいなあ。そんな人たちの思いを消して、新たな時間を作るためにも、この家を一度まっさらな家にしなくてはいけません。私は壁塗りをしようかと、余っていた漆喰《しっくい》やペンキを持参しました。壁塗りは私の得意分野です。我が友のためがんばりますよ。新たな家を作るのです。デッキがあったために屋根から落ちた雨水の跳ね返りが当たって、木の壁面がかなり腐ってきています。これは早急に何とかしないと、家に悪影響が出ます。雨どいが中途半端な長さなので、余裕をもって雨どいを伸ばし、すでにある雨どいも中に枯れ葉がたくさんたまって、機能を果たしていなかったので、きれいに枯れ葉を取りました。

たくさんのごみ出しや、雨どいの修理、チェーンソーでのデッキ撤去。それから庭の真ん中に倒れていた大木の撤去など、たくさんの作業をしましたが、終わりがないくらい仕事があります。お昼は庭の木の下でおむすびをいただきました。大きな木がたくさん生えているので、我が家とは違った森の雰囲気があって良い感じです。早く家をリニューアルできれば、森の中の静かな極上のひと時が送れそうです。パワフルゆっきいと、100マイナス31歳女子で廃屋のＤＩＹはまだまだ続きます。

1 余分なコンパネをはがします。寒くなるけど、明るくなる。迷うけれど、明るい方がいいと。

2 赤いのと青いのを合わせて、体重は2桁。年齢は3桁。大丈夫、やる気パワーは100万馬力。

3 廃屋が素敵な山荘に変身する日を夢見て！

草と私の真剣勝負
ヨモギとの約束

私は草取りが大好きです。

草刈り鎌は手の延長みたいな心地良さがあってとっても好きです。以前は草刈りばさみを使用していましたが、鎌の自由自在さにすっかりはまってしまいました。

海賊が、なくした手に鎌みたいなのをつけているでしょう。そんなイメージです。鎌って手のごとく働いてくれます。しかも、鋭利な刃物でばしっと、草を切ってくれます。

私は左利きなので、左利き用鎌を左手に、右手に刈りたい草を束ねてつかみ、エイヤッと鎌を当てると、気持ち良いように草を刈れます。結局は刈ってしまうので草にもやさしいなんてことはないのです。私の思い込みです。刈りすぎないことはたしかです。

私は草抜きが好きです。それぞれの草の根の特性を考えて、抜くという行為だけで、頭の中をいっぱいにします。

草と私の一対一の勝負です。抜けたときの爽快感は格別です。

1
―
2
―
3

1 ヨモギもススキも虫たちもそれぞれの場所でそれぞれ生きています。
2 みんな夏を謳歌しています。
3 かわいらしい夏のヨモギ。山の中なので、里のヨモギのようには大きくなりません。

世間の人は私の趣味をガーデニングと思っているかもしれませんが、実は草取りです。鎌の草刈りも本当に気持ち良いですが、手で草を抜くことの方がもっと好きです。草の根の張り方は、草を抜く私にとっては、さまざまあっておもしろいです。

多分メヒシバでしょうか？　地上を覆うように細い葉があっちにもこっちにも這っているような、倒れているような草があります。地上部を覆ってうんと威張っているように見えて、草を抜くとき、抜きにくいかなと少し尻込みしたくなるような、しかし、根が深く張っていないので、簡単に抜けてしまいます。地上部を覆って偉そうに威張っているけど、実はたいしたことないのです。私はこの草を空威張りの草と呼んでいます。また、ススキの小型版みたいな草が集団になって一つに見える草があります。この草を一つと思っていっぺんに抜こうとすると抜けません。仲間たちが助け合っているのでしょうか。集まりの一つずつを抜くと少し手間はかかりますが、抜けます。

タンポポは、地中までしっかり根があります。地上部だけ取れたら、私は満足です。オオバコは抜けなさそうで、根ごとがんばれば抜けたりします。根ごと抜けたときは、すごい爽快感があります。草取りをするという観点から、植物のことを思うと、本当に興味深いです。

草を抜くときは素手で行うことが多いです。棘のあるキイチゴは痛いんです。でも抜きたい！　頭をぐるぐる回して思いついたんです。土に隠れているところの茎は棘がないんですよ。そこんとこひょいってつかんだら、抜くのは簡単。まあどうでもいいことばかりですが、気づいたときはうれしかった。草と私の一対一の真剣勝負に勝ったような気持ち。もし、華道や茶道、柔道みたいに草取り道なんていうものがあったとしたら、私はキイチゴにおもむろに向かいます。で、世間の人々に、うさん臭いうんちくを並べ立ててから、作業に入ります。少しあほくさいのでこれで終わります。とりあえず、私は草取りが好き。真剣に向かうといろいろなおもしろい発見があるというお話でした。

ヨモギは、お茶や団子やご飯や天ぷら、他にも、お灸のもぐさなども、冷え性やデトックスなどさまざま良いようですよ。女子の味方かな？

ドクダミとヨモギはどこにでも生えていて大量に採れる。採っても採っても無くならないという印象です。しかも両方良いことといっぱいの植物、おまけにただでわんさか採れる。ありがたい植物ですが、繁殖力旺盛なので、時には、邪魔くさいと思ってしまいます。割と簡単に両方とも手で根ごと抜くことができます。

ありがたいヨモギを摘ませていただくようになって気づきましたが、朝は先っぽの葉っぱ部分を閉じています。夕方陽が沈むと、また先っぽ部分を閉じていいます。きっとお日さまがいなくなったので、先っぽを閉じて寝たのかなと思っています。そして、朝は陽が十分に昇ったら、先っぽを開いて起きます。葉っぱを閉じているときのヨモギってすごくかわいいんですよ。

9時には寝てしまう早寝の私よりもっと早寝で、5時には起きる私より遅い目覚めです。ヨモギが葉を閉じている間は、寝込みを襲うようで嫌なので、私はヨモギ採りをしません。葉っぱが十分開いたら、おはようをして草抜き開始です。葉っぱが閉じたら、草取りはしません。これが私がヨモギとした約束です。

お日さまがカンカンの時間は、お互い切磋琢磨して、抜きつ抜かれつがんばりましょう。

満月にススキの葉で包んでちまきを作りました

爺さんの代まで、瀬戸内海の船大工でした。

先祖は海とともに生き、人の命は潮の満ち引きに任されていると、代々DNAに刻み込まれてきました。父は身近な人の誕生や死の場面で、カレンダーに書かれた潮の満ち引きを確認していました。

月に左右される満ち引き。すべてのことは、お日さまやお月さまとあるのだと思って、私も育ってきました。そして、生まれる時も、去る時も、お月さまとともに。日のあるうちは、お日さまとともに。

理不尽なことが多い私たちの世界ですが、お日さまとお月さまは、日々、年々のサイクルも同じようにあります。夜にお月さまを、日中はお日さまを見上げれば、理不尽な思いはどうでもよくなります。皆さんはどうかわかりませんが、私は月とともに暮らしてきた島国の民として、そのパワーを信じ一所懸命満月にお願いをすれば、きっとお月さまに届きます。

夕日に照らされるススキ、太陽の光に輝くススキ、表情を変えて楽しませてくれます。

ています。一所懸命満月にお願いすれば、願いは叶うと信じています。いつも新月、満月には必ずお願いをします。私は欲深い人間なので、やりたいことがたくさんあって、お月さまへのお願いはたくさんあります。

今夜は中秋の名月、きれいな満月がお空に昇ります。

いつもお願いばかりでは厚かましいかもしれません。今夜のような満月の夜には、先人もずっとしてきたように、願いが叶っても叶わなくても、年に一度は、お月さまへのお礼をします。

ほとんど毎日少しずつ、のこぎり鎌で草刈りはしているのですが、私ごときの日々の労働では、ススキ海原にはかないません。家の前は私の労働などなかったかのように、ススキの葉がゆらゆら風になびいています。

夜空に満月を迎える今日は、ススキのゆらゆらの葉っぱをいただいて、団子を包みます。少し細長い団子に形を整え、縦に立てて、底に2枚の葉っぱを十字に交差させて、糸でしっかり巻き上げます。なるべく幅のある葉っぱが必要です。

いつもの草刈り鎌で刈りますが、草刈り作業ではなく、お月さまのお供えのために丁寧に大きい葉を選びます。

1
2
3

1 ちまきを包むススキを刈りに、さあ、出かけましょう。
2 ススキをのこぎり鎌で刈りましょう。
3 一緒に飾る野の花も摘みます。

ススキの葉でくるんだちまきができました。

頭のてっぺんに昇るお月さまへちまきを。

ススキの葉にくるむちまき、私はもち米の粉100gに黒砂糖を30g入れて細長く丸めたちまきにしました。もち米の粉に塩を少々入れ、黒砂糖の素朴な風味にかすかにススキの草の匂い……。

お月さまにきっと届くと思います。

お好みで米の粉を少し混ぜても良いと思います。それから、ちまきに1枚ヨモギの葉っぱを貼り付けてみました。この時期のヨモギですが、少しだけヨモギの香りがします。ススキの葉っぱでちまきが包めたら、レンガを積み上げただけの簡単かまどに火を熾し、湯を沸騰させて、セイロで蒸します。

さあ、まるいお月さまが昇ったら、1年に1度のお供えちまきと、特別なお願いをします。

てっぺんに昇ったまんまるお月さまにお願いできるしあわせ、すべてのこと、すべての物に感謝します。

多分昔の人も、こうやって夜はお月さま、昼間はお日さまに向かっていたのかなあと想像します。

誰にも平等に、お月さまとお日さまは頭のてっぺんに昇ってきます。

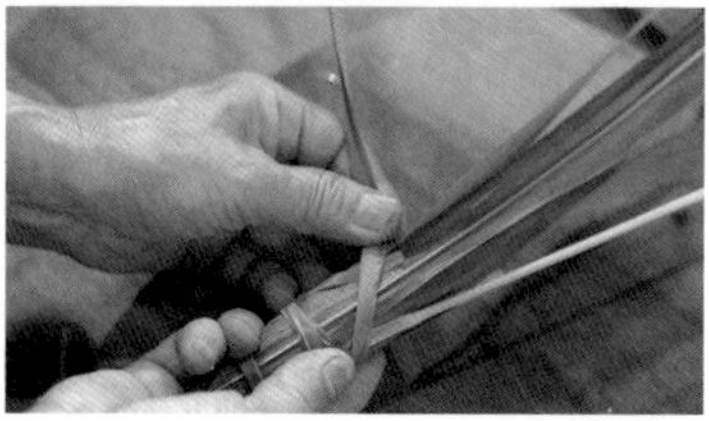

5 幅が広めのススキの葉2本を十字において、その上にちまきをのせ、ススキの葉で包みます。

6 かぶせた葉の上から細めの葉で巻き上げます。

7 蒸し器で10分くらい蒸せば、できあがり。

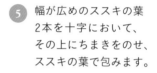

願いごとしながら作る
ちまき

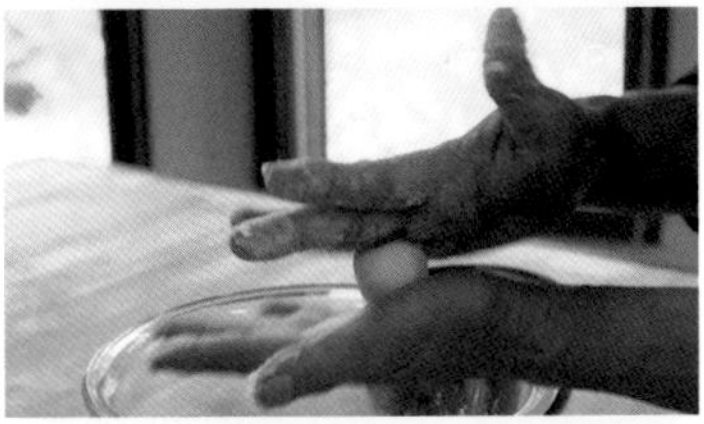

（分量は10個分くらい）

1. もち米の粉だけの白い生地と、それに黒砂糖を入れた生地の２種類を作ります。
もち米の粉100gに黒砂糖30g、塩少々をボールに入れ、お湯を少しずつ混ぜて、柔らかすぎないくらいにまとめます。

2. クルミを殻から出して、ほどよい大きさに切ります。これを2種類の生地のどちらかに入れて、味の変化をつけます。

3. 手のひらに粉をふって、まずまるく丸め、細長くつぶして丸めます。

4. 2種類のちまきの用意ができました。

息子との思い出のカヌレを自分に焼いてみた

30年以上前の話ですが、私と息子は、とても古い大きな家に二人で住んでいました。たまたま見ていたテレビに映し出されたカヌレというお菓子に二人は釘付けになりました。いつも食べているものは、野菜の煮物やご飯などの質素なものでした。

幼稚園生だった息子がとても興味を示したカヌレというお菓子を作ってみようと思い立ちましたが、作り方がわかりません。料理学校に勤めていた知人に教えてもらって、作ってみました。

アルミのプリン型に入れた具材をオーブントースターで焼きました。長い時間焼きましたが、結局固くならず、フライパンでホットケーキのように焼いて作りました。甘い物をあまり食べていない息子は、「おいしい！」と口の中にカヌレをいっぱい詰め込み言いました。本物は食べたことはありませ

バニラの甘い香りと銅の鈍い光が部屋を満たしています。まだ幼かった息子と過ごしたかけがえのない時間を思い出しています。

んが、テレビで見たカヌレとは全く別のもののようでした。そうして、あの大きな大黒柱のあった家から引っ越し、息子もとっくに独立しました。

　あれから30年以上経ちました。一人暮らしになって、少し余裕もできた私は、本物のカヌレを作ってみようと思い立ちました。あの時は知りませんでしたが、フランスの修道女さんたちが作っていたそうです。当時の修道女さんのように、ただカヌレを焼くという行いだけに、頭も体も研ぎ澄まして。テーブルに並べた銅の型に蜜蝋を塗ります。銅の鈍い光が部屋中を満たし、やがてオーブンストーブに入れられた銅型の中では、カヌレが少しずつ、沸々と形になっていきます。

　バニラと甘い匂いでいっぱいになった部屋で、私のためだけに焼き上がったカヌレ。今の私は、ほとんどのことは、自分のためだけにやれば良くなりました。でも、今度、息子が帰って来たら、息子のために、もう一度、カヌレを焼いてみようかな。彼は、あの時のカヌレのこと覚えているだろうか。そして、黒光りしていた大きな大黒柱や、五右衛門風呂、隙間風いっぱい入り込んだ台所で当たった囲炉裏、玄関の土間に頭から落ちて大泣きしたこと。私のとっておきのカヌレと一緒に少しは思い出してくれるかなあ。

「中はしっとり、外はかりっと」がカヌレの理想。温度調整が難しいロケットストーブのオーブンで、「うまく焼けますように」と祈りながら焼き上げました。成功！

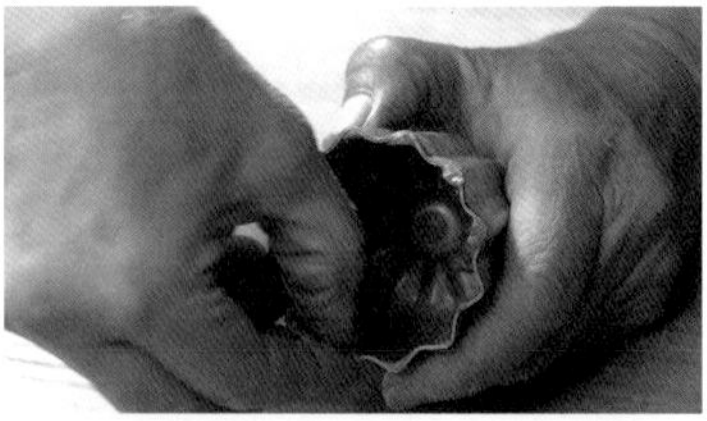

5. 蜜蝋を溶かし、カヌレの型に塗っておく。はみ出した蜜蝋は取り除く。
6. 生地を型の７分目くらいまで入れる。
7. オーブンを予熱し、約200度で１時間くらい焼く。

甘い香りに包まれて
カヌレを焼く

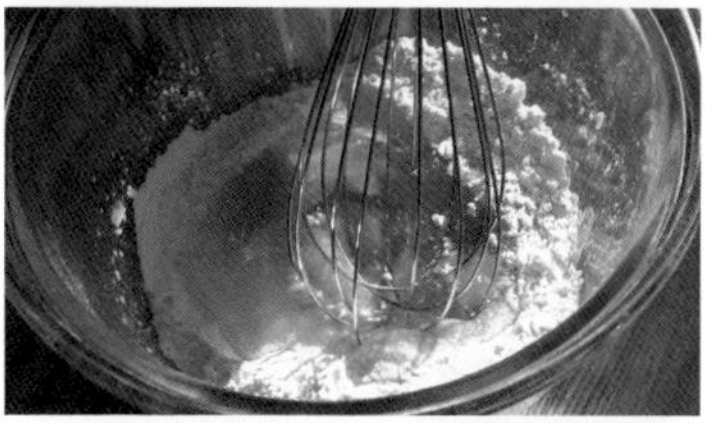

（分量は5個分）

① バニラビーンズ（1/2本）の種をこそいで殻ごと牛乳250ｇに入れて、かき混ぜながら沸騰させる。手早く冷まして鍋にラップをかけて、放置する。

② 卵の黄身2個分と全卵半個、薄力粉40ｇ、強力粉25ｇ、砂糖100ｇを混ぜる。

③ ラム酒20ｇと、バター20ｇで作った焦がしバターを用意する。

④ ①の牛乳を数回に分けて、②に入れて混ぜ、茶こしなどで濾す。ラップをして冷蔵庫に一晩以上置く。

愛犬シロとキハダの思い出
体に良いキハダで染めます

標高の高い森の中に住んでいるので、雪はそれなりに降ります。雪がたくさん降って真っ白になった山道を、シロと散歩をしていました。シロは河原を車で走っているときに、私たちの目の前によろけるようによちよちとあらわれました。生まれたばかりの子犬で、厳寒の師走に置き去りにされたようです。そのままにしておけば、生きてはいけないでしょう。というわけで我が家で飼う事になりました。柴の雑種で小柄な中型犬でした。「クレヨンしんちゃん」が大好きだった保育園児の息子が、茶色なのにシロと名付けました。坂を上ったり、降りたり、とてもすばしっこい犬でした。滅多に人に会うことのない山の中、しかも大雪が降った後なので、リードを外して私たちは仲良く道を歩いていました。シロが何か見つけたらしく、道の斜面を駆け上がっていきました。私の合図で斜面を駆け降りてきましたが、

Memory

やんちゃな息子とシロ。

犬は雪が好き。シロも雪が降るとうれしそうに駆けずり回っていました。

1キハダの皮を煮出しています。漢方としてもさまざまな効能があります。

2火吹き竹、息を吐くという行為で火が生まれるという事象に、大きな感銘を受けます。

3キハダの黄色は混じりけないピュアな黄色。

雪に滑ってしまい、足を捻挫したようです。行きはノロノロ歩く私にがまんがならず、全力で駆け抜けていたシロですが、帰りは私の後を足を引きずりながら付いてきます。仕方ないので、抱っこして、雪に足を取られながら帰りました。

信州の山暮らしの様子を書いた本に、馬が捻挫《ねんざ》したときはキハダを煎じて足を温めてやると良いと書いてあったのを思い出しました。その本の内容は全て忘れましたが、染め物をする私はこのキハダのことだけ印象に残っていました。布を染めるという事は色を着るという事ですが、元々、体に良いものを身に纏《まと》うとか、取り込むという役目もあります。漢方のキハダの効能としては、健胃、整腸、腰痛・捻挫・打ち身に効くなど。

ちょうどタイミングよく、山の師匠ばあちゃんから、染め物をする私に役立つだろうと、たくさんキハダの皮をもらっていました。早速、私は染め物に使っている琺瑯《ほうろう》の洗面器にこの皮を煮出し、少し冷ましてバケツに入れて、足良くなあれと、毎日シロの足に湯をかけさすってやりました。

体を洗われるのが大嫌いなシロでしたが、この行為は気持ち良かったのか、大人しくされるままにしていました。どのくらいの期間やったのかなあ、シロはすっかり良くなり、元のように野山を元気に走れるようになりました。ドッグフードは食べず、私と同じものを食べていたシロは、18歳で眠るように大往生しました。

シロが亡くなって、長い年月が経ちました。師匠ばあちゃんがまた、キハダをくれました。何を染めようかと思っていたら、今度は知人に、すごくたくさんのキハダをもらいました。こちらは、観光地のみやげもの屋を店じまいした人からのものだそうです。一気に大金持ちになったような気分です。

そうだ、元気が出るように黄色ストールを染めましょう。健胃や整腸効果もあるというので、さらしも染めて腹巻きにもしましょう。腰痛にも効くなら、一石二鳥です。キハダを鍋に入れてグツグツ、たくさんの時間をかけて煮れば、よりたくさん効力が出そうな黄色い液ができるでしょう。

足良くなあれと、毎日煮出していたあの日、シロも気持ち良さそうにしていました。私もシロも足が良くなると信じていたんだと思います。少し、消化器官の弱い私は、キハダ染めの腹巻きを巻いて丈夫になりましょう。

緑の中で、お日さまにさらされてキハダ染めの布がゆっくりお日さま色になります。一緒に、ゆっくり流れる私の森の時間です。

森の緑の中でキハダ色に染まっていく布。

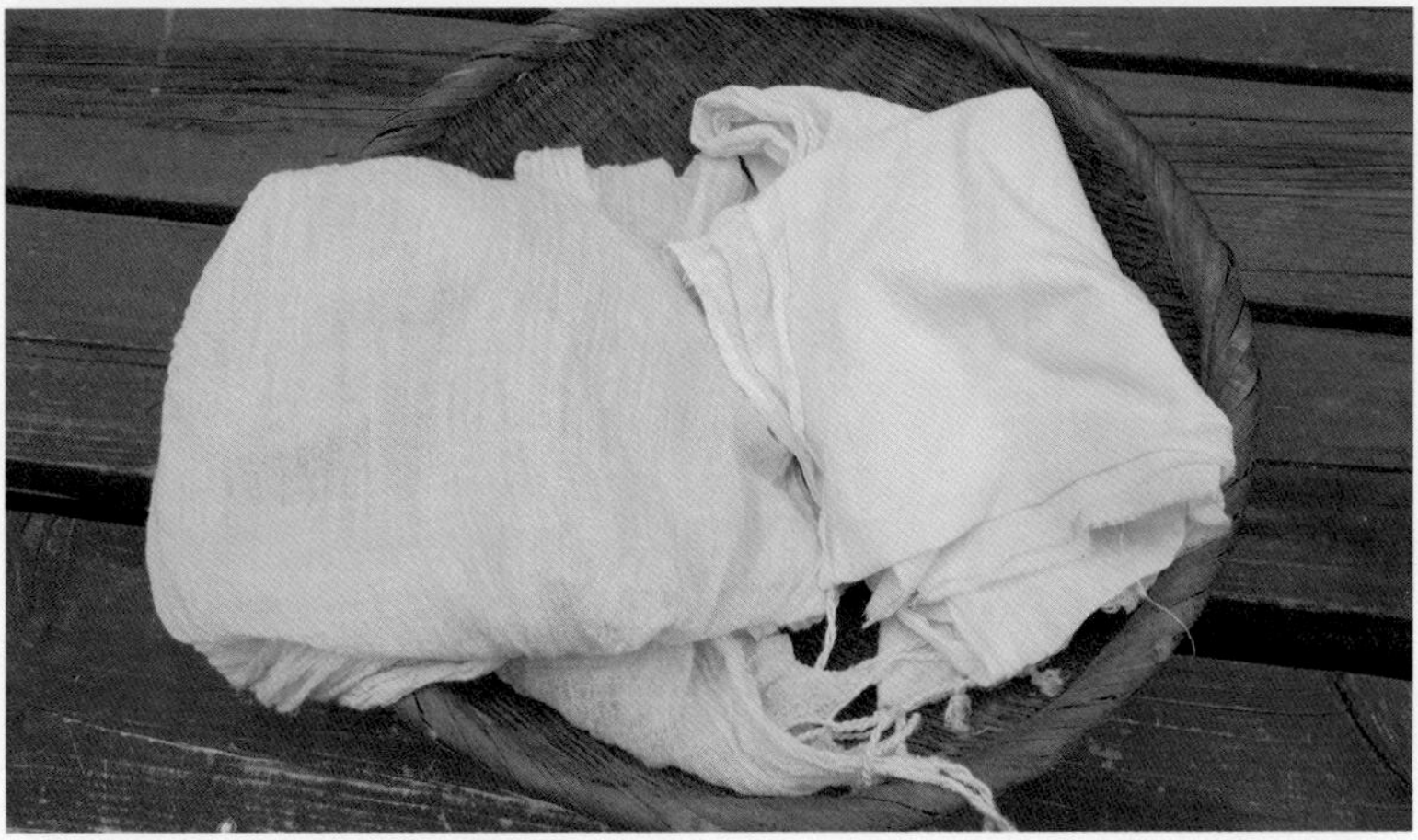

さらしとストールのキハダ染めの完成です。

ハーブが香るワイルドフライドポテト 10分でできる簡単レンガかまどで

庭でお料理、あこがれませんか？　炎を眺めながら、グツグツご飯が炊けたり、ジュージューお肉が焼き上がったりする。

それほど大した料理を作るわけでもなく、たまに使う程度だとしたら、レンガを積むだけで、セメントで固めたりせずとも良いのではないかと思いつきました。思い立ったら、即行動！　いただき物の耐熱レンガをかなり持っています。地面にもレンガを並べても良いのですが、ホームセンターで耐熱のボードを手に入れると良いかもしれません。ボードの上にレンガを2個ずつ、3面になるよう横に立てて、そこにバーベキューの網を置きました。

この網の上で火を燃すと、網の下に灰が落ちていく仕掛けです。

網の上にもう1段立てて積みました。その上の3段目は、鍋釜を置いても安定するように、レンガの広い面を横に寝かせて並べました。

1

2

3

1 耐火ボードの上にレンガを積み、1段積んだら網を置く。ここで火を焚きます。

2 できあがり。上に金輪を置くとより効率的に火を集められます。

3 金輪もホームセンターなどで購入できます。

1
2
3

1 炎はいつまで眺めていても見飽きません。

2 火を直接感じながらの調理は、体にしみこんだ昔々の記憶を呼び起こしてくれる快感があります。

3 野外で火を扱うのにちょうどいい季節です。

この上に網を置けば、そこに鍋などを置いて調理できます。もしくは、鍋、釜にちょうどフィットできるアルミ製の土星の輪のような金輪が、数千円でホームセンターやネットで購入できるので、そちらを使うと鍋なども安定しますし、隙間がなくなるので熱効率も良いです。

レンガが積み上がったら、火を熾《おこ》します。

大きめの薪に火をつけるやり方は、細い枯れ枝や木の皮を使ったり、バーナーで一気に熾したり、いろいろあります。私は段ボールの箱が沢山あるので、それを使うことが多いです。紙なのですぐに燃えて、厚みがあるのでそこそこ火もちします。薪に火がいきやすいです。

では、早速調理をしてみましょう。野外なのでワイルドに、ハーブをたくさん入れて作るフライドポテトにしました。鍋にオリーブオイルを入れたら、ローズマリーなど好みのハーブと大きめにカットしたジャガイモをすぐ入れて火を熾します。

煮立てないうちから油を入れるというのが、ポイントです。するとハーブの香りがポテトによく回るようです。

ベルガモットの咲き誇る森に続く庭で、ハーブの香りがたっぷりいきわたった厚めのポテトに塩とブラックペッパーをかけていただきます。

まさに、森のしあわせ時間です。

この鍋底には、煤《すす》が付いていますので、注意してくだい。お洋服に煤が付いたら落ちません。その場合はアクリル絵の具に布用のバインダーを混ぜて、台所のスポンジなどで、煤の付いたところに、ぽんぽん色をつけていくのも良いです。できたら、十分乾かして、アイロンをかけて定着させてください。

その他、特におすすめのかまど料理は、ご飯炊きです。直火で炊いた白米ご飯は、本当においしいです。炊き方は、強火で炊いて、沸騰したら、弱火にして15分炊き、その後、新聞紙一枚くらいを入れて火力を上げます。周りの水分が飛んでとってもおいしいご飯ができあがります。

お鍋の周りには、おこげができているはずです。炊き立ておこげの塩むすび、火を眺めながらのかまど料理、体全部で楽しめる森のお料理です。

ジャガイモはワイルドに切って、ハーブと一緒にオリーブオイルも入れて火を熾します。

ローズマリーはじゃがいもに合います。他のハーブもいろいろ。最後は塩とこしょうを振ります。

あつあつでワイルドなフライドポテトを森と一緒にいただきます。

手作り感のある我が家もぼちぼち冬支度を始めます。

秋から冬へ

紅や黄色の葉っぱたちが舞って、
厳しい冬へ、森のみんなが覚悟を決めて
向かう季節がやってきました。
私は楔《くさび》にハンマーを振り下ろし、
薪《まき》作りに勤《いそ》しみます。
ハンマーの音が辺りを駆け抜け、
そして、森の中へと消えていきます。

霜月《しもつき》 *November*
師走《しわす》 *December*
睦月《むつき》 *January*
如月《きさらぎ》 *February*
弥生《やよい》 *March*

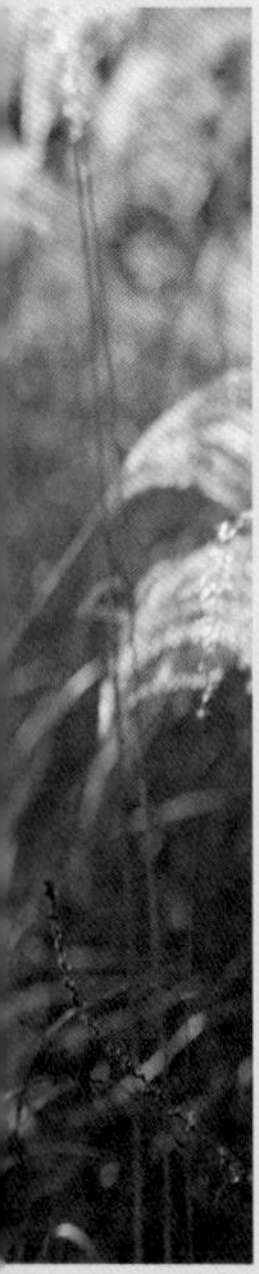

森からの贈り物の実や葉で スワッグ・リース作り

秋になって、葉っぱが色づき、色とりどりの実が森を賑《にぎ》やかに飾っています。ノブドウやスイカズラやカマツカなどの実、ツルウメモドキの黄色の中からはじけた赤い実は、スワッグやリースにするには、ぴったりの華やかさがあります。大好きな冬青《そよご》の赤い小さな実は控えめですが、常緑の葉っぱの中ではとても目立ちます。

秋の森では、紅葉した木々の合間に栗やクルミ、カヤの実などの食べられるものや、小鳥たちが大好きな赤や黄色や青い実などにぎやかに実っています。猿や熊や小鳥や、そして、私たちも森からの贈り物をありがたくいただ

採ってきたツルや実はサンルームに干して出番を待ちます。

スワッグ、リース、ろうそく……。どんな物でも作っているときは本当に楽しいものです。

きます。たくさんの実や葉でたくさんのスワッグやリースを作って、森のみんなやいろんな神様に感謝を捧げましょう。

森からいただいたモミの木でクリスマスツリーを飾り、その残りでリースを作りましょう。でも、モミと言ってますが、ツガかもしれません。

ウラシマソウは、春に毒蛇が怒っている時みたいに見える奇妙な花を咲かせます。因みに、花と思っていたこの部分は、大きな葉だと、ＡＩが教えてくれました。美しいわけではないですが、私ではなく、ヤマンバが持つと似合いそうです。

秋には赤い実がぼちゃっとつきます。やはりかわいくはないのですが、モミの葉で作ったリースの真ん中にこの実を置くと、案外素敵なクリスマスの飾りができます。

勢いのあったススキも、穂を風に任せています。今年最後のススキの贈り物、気の早い私は、この穂を集めて、クリスマスツリーを作ってみることにしました。根性なしで不器用な私にはかなり大変でしたが、何とか私なりに自慢できるものに仕上がりました。

ちまき作りから、クリスマスのオブジェ、草木染めとありがたいススキたちです。今度は箒《ほうき》を作ろうと思います。

最後に我らお米の国の民としましては、先日稲刈りした稲をかまどの神様へ。森からの、大地からの、贈り物に感謝。

今日あることに感謝します。

ありがとう、すべての物に感謝します。

そんな気持ちが沸々と湧いてくる秋の実りです。


歩くのがもったいないほど色とりどりの葉で道は埋め尽くされています。

スワッグも良いですが、クリスマスにはやっぱりまあるいリースが似合うかも。

ずうっと地味に木に絡まっていたツルウメモドキですが、ひとたび実がはじけると
何もかもふっきれたようにはじけます。

はじけた実をおとなしいモミの葉っぱの間に。

マルチな大工のジイジから丸《まる》鋸《のこ》を教わるも……

クラフト仲間であった大工のジイジとの出会いは30年くらい前になります。今や私が森で暮らすのにとても頼りにする存在がジイジです。出会ったころの彼は、木で小鳥を作って売っていました。私は織物や染めたものを売っていました。

10代はスキージャンプの選手、ボクシングはなんと北海道チャンピオン！ボードセーリングのインストラクターもしていたそうです。

ジイジ曰く、マグロ船に乗っていた時には、着いた港でスペインの姉ちゃんに惚れられたんだとか。

私は聞いたことはありませんが、他の人の話によるとギターも歌もうまく、自宅地下スタジオでは、毎晩ギター弾きながら歌っているのだとか。針金細工で日銭を稼ぎ、チャリで3年半かけて日本1周もしていたそうです。おま大工仕事には必須。丸鋸《まるのこ》が苦手で、なかなかマスターできません！

ジイジの脳内では多分、「自分でやったら簡単なんだけどなあ」となっている
ことでしょう。

初めからジイジに作ってもらっていたら、もっと良い薪小屋ができてたなあ。

撮影するんで、私史上最高にすごくがんばってきれいに並べてみました。

けに陶芸の先生でもあります。

くらくらするほどマルチな才能を有するジイジ、日本語では器用貧乏とも言います。

私と同じように移住組。八ヶ岳へ移住して自宅を建てるため、大工の勉強もしました。73歳の今は、冬はスキー三昧、雪がない時は、大工をやっています。

お金に縁がなく、気の良いジイジなので、クライアントの無理難題の要求をできる限り尊重してくれます。しかも、リーズナブルな値段設定です。

私のように安上がりに工作仕事を習いたい者には、弟子見習いのように使ってもらえるのでありがたいです。

そんな私も一人立ちしようと、イエ、安上がりに済ませようと、一念発起、一人でがんばって作った薪《まき》小屋でしたが、大雨や風が吹くと心もとない状態でした。特に雪が降ったら、何はともあれ、屋根の雪を一番に取り除く必要がありました。

いい加減、この薪小屋のお守りが嫌になってしまって、ジイジに添削をお願いしました。その結果、丈夫な薪小屋に生まれ変わってくれました。これでやっと、雨風の心配をしなくて良くなりました。

結局初めからジイジに作ってもらえば良かったのですが、何とか、自力で作りたい、安上がりにしたい、という気持ちばかりが先走って、失敗してしまいました。

本日はジイジに作ってもらったサンルームに棚を設置したくて、丸鋸《まるのこ》の使い方を教えてもらいました。

チェーンソーもディスクグラインダーもジグソーも何とか使えますが、左利きのせいか丸鋸《まるのこ》がなかなかうまく使えません。しかも、寸法通りに切るというのが、いい加減で不器用な私には難しい。

しかし、何はともあれ丸鋸使えないことには、大工仕事は始まらないので、何とかしたい。ここから少しずつやっていきます。

ジイジ、これからもよろしくね。

そして、大工のジイジファンや弟子のためにも、いつまでも元気で大工仕事を続けてほしいなあ。

棚ができました。すごく便利です。今度は一人でがんばろう！

お花を育てられる空間ができて、ジイジに心から感謝します。

楔《くさび》を使う薪《まき》割りで冬の暖を自分で作る！

繰り返し書いているように、私は整理整頓といった類のこと、きれいに並べたり、きれいに畳んだりできないタイプの人間です。周りを見渡しても、車を走らせている時に見ても、知人の家に行っても、薪というのは隙間なくきれいに積み上げられています。去年車を走らせていて、薪が幾何学模様で芸術的にきれいに積み上がっているのを見ました。国道で車を運転していたので、一瞬見ただけですけど、感動しました。

こういうのはさておき、薪というのは普通に下から順番に積んでいけばきれいに並ぶものなのでしょう。私も下から順番に積んでいるつもりなのですが、世間の人のようにきれいに並ばないのです。

隙間があいていたり、斜めになっていたり、薪棚から落ちそうになっていたり、すごく気にしてやれば、最初は何とかきれいに並びますが、すぐにい

1
2
3

1 きれいに並べられない薪たち。時々薪棚からあふれ出ます。ちゃんとしろ！と自分にカツ。

2 家が暖まると思えば重くないよ。ガンバレ、ウリウリ！

3 この時期、屋根の雪下ろしも一仕事！

1
2
3

1 左が最初に購入した楔《くさび》。優れ物でしたが、メーカーがわかりません。

2 心を無にしてハンマーを振り下ろす。スパッと割れた時は、すごく気持ちが良いです。

3 シーンと静かな冬の森の中に、カーンという小気味良い音が響きます。

つものように、薪はあっちこっちに躍ってしまいます。

こんなやり方をしていれば、薪もたくさん積めないし、効率悪いだろうなあとは思うのですが、できないものは仕方ないので、あきらめて、薪作りをします。根本的に薪がきれいに並ばないのは、薪の長さも太さもそろっていないからです。実はそこからだめなのです。

まず、自分のストーブのサイズに合わせて、薪をチェーンソーで切ります。普通の人は、そのサイズになるように、定規を作って切ります。私はそれが面倒なので、大体このくらいかなと予想して切るので、いい加減な長さの薪になります。そうすると、薪棚からはみでるほど長くなりすぎて縦に置けず、辛うじてきちんと並んでいる薪に逆らって斜めに置いたり工夫してしまいます。逆に短すぎるときもあります。

いい加減な長さで、バランス悪く積まれた上にも薪を積んでいかねばなりません。積んだ薪は崩れやすくスペースも少なくなります。私もわかっているのですが、できないんです。あきらめて、チェーンソーでなるべく理想の長さに切るように努めてみます。定規を使えば、しっかり理想の長さになるでしょう。わかっているならやればよいのですが、普通の人には簡単なことかもしれないのですが、私はその一手間が面倒でやりません。よって、できないのと同じことです。

長さをそろえることはあきらめて、なるべく理想の長さにしたつもりの薪を楔《くさび》で割ります。薪割りは、大きな斧《おの》を「エイヤッ」と振り下ろして割るというのが一般的だと思います。しかし、非力でそそっかしい私は、斧を「エイ」と、やっと振り上げたとしても、「ヤッ」と、振り下ろすときに、足とかに落として怪我しそうです。薪割り機というのもありますが、場所も取るし、私に向かないような気がします。私には薪割りはできないのかと思っていたのですが、楔を使う薪割りを知って、10年くらい前から、楔を使い始めました。その時から使っていた楔はかなり良くできていて、大きな木も真ん中に1本楔を立てるだけで、スパッと半分に割れていました。その楔にガタがきて、新しいものを探しましたが、同じものが見つからず、最近購入したものは、大きな木の場合、楔を2本立てないと良く割れません。でも2本にすれば木は割れるので良しとします。

木に楔を立てて、「エイヤッ」と、ハンマーを数回振り下ろすと、木は真っ二つに気持ち良く割れます。

夏はキリギリス、冬は季節外れのアリンコになっているウリウリ。

薪割りというのは、体を全部使うので、良い運動になると思います。腰を入れて振り下ろすので、下半身も鍛えられるように思います。なおかつ、スパッと太い木が割れたときの爽快感はストレス解消にもなるでしょう。

斧でも良いし、楔でも良いし、それぞれ皆さまの好みで、薪割りを楽しめる機会があると良いなあ。健康になって、ストレス解消もできて、楽しくて、しかもですよ、たとえ不細工な並べ方だとしても、調理の燃料になったり、暖が取れる薪が自分の力だけでできます。何と素晴らしいことでしょう。

さあ、今日もせっせと薪作りに励みましょう。

息子も巣立ち　私ひとりのクリスマス　とってきおきのシュトーレンを作る

知人のお寺の広い敷地は、まるで一つの里山のようです。田んぼを潤す水路の流れは途絶えることなく流れ、雑木林や、竹林を抱え、その山の恵みは生き物にも、私たちにもありがたいものです。

今年もいつものように、さまざまな山の恵みにあずかりました。カヤの木は、樹齢300年以上の大木です。そこにはカヤの実、銀杏、姫ぐるみなどがたくさん落ちてきます。棚ぼたの自然の恵みにあずかろうとするケチな私には、天国のような場所です。ここでたくさんの実をいただきます。それから、栗や柿も採ります。

柿は、木になっているものをもぎ取らねばなりませんが、他の実は、落ちているものを拾うだけなので、割と楽です。とはいえ、周りの外皮をきれいにしたり、カヤの実は1週間くらいアク抜きをしなくてはいけません。アク

1
2
3

1 大きなカヤの木の実は、ほっこりかわいい。誰にも見つけられなかったら、芽が出る？

2 お日さまと北風にしっかり当たって、おいしい干し柿ができあがります。

3 干し上がったら、ラム酒に漬けて。

が抜けても、食べる前には殻を取り除かなくてはいけませんが、殻があるので、保存食として長く置けるのでありがたいです。

柿は、皮をむいて干し柿に、干し上がったら、ラム酒に漬けておきます。ラム酒に干し柿がなじみ、カヤの実はアクを抜き、クルミとともに乾燥させます。カヤの実やクルミの殻を割って、程よくラム酒に漬かった干し柿を切って、シュトーレンを作ります。

息子が小さかった頃は、庭に自生している小さなモミの木を切って、そこに飾りを毎日少しずつ飾っていきました。毎年少しずつ買い足し、増えていったオーナメントを木に飾るのが楽しみでした。

子どもも巣立って、私一人のクリスマス。クリスマスツリーを喜んでくれる人もいなくなってしまいました。息子の枕もとの大きな靴下にたくさんのお菓子やおもちゃを入れる。目覚めた息子の喜ぶ顔、ずうっと私の思い出の中に閉じ込めて、今年のクリスマスには、その時の靴下を私のために飾ってみました。あの時の息子の顔がいっぱい詰まった靴下です。

彼は、楽しいクリスマスを誰かと過ごしているのでしょうか?

私は、私のためだけに、クリスマスをデコレーションします。森の実やスシュトーレンは1年を締めくくるお菓子。今年も作れることに感謝して、丁寧に心をこめて。

スキの穂でクリスマスツリーを作り、お友だちが育てた日本ミツバチの蜜蝋をいただいたので、蜜蝋のキャンドルも作りました。キャンドルに一つずつ火を灯し、そして、私のために作ったシュトーレンをいただきます。

さあこれから、私のためだけのとっておきのクリスマスパーティーの始まりです。

家族のため、愛する人の顔が見たくてたくさんがんばる喜び、そして、自分のためにがんばるしあわせ、たくさんのいろんな喜びやさまざまなしあわせを、たくさんの人が感じられるクリスマスでありますように。

5 干し柿か好みのドライフルーツ200ｇ、ナッツ70ｇを混ぜて、形を整えます。

6 １時間室温で発酵後、180度のオーブンで30分から40分焼きます。

7 焼き上がったら、とかしバターをたっぷりかけて、砂糖を振り、冷めたら粉砂糖をたっぷり振ってできあがり。

手間をかけ、時間をかけ
シュトーレンを焼く

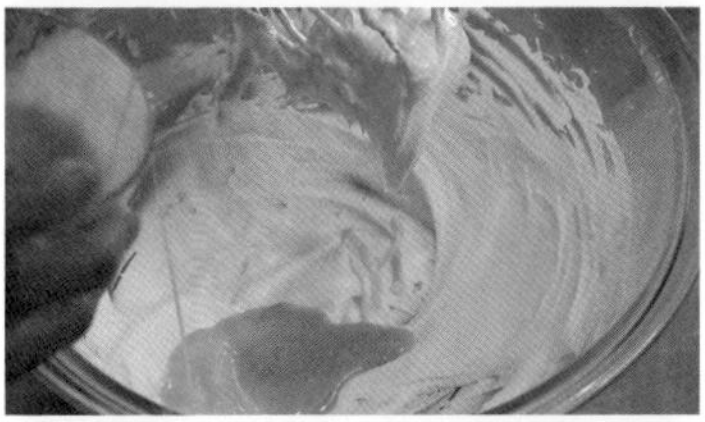

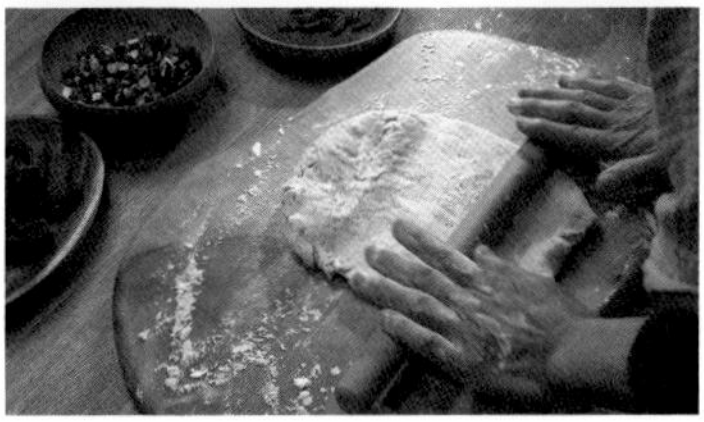

(分量は２本分)

1. 強力粉50ｇ、薄力粉10ｇに、人肌の牛乳50ｇとドライイースト小さじ１を加えて混ぜ、中種を作ります。１時間くらい室温で発酵させます。

2. 室温に戻したバター80ｇを白っぽくなるまでよく混ぜ、砂糖30ｇ、塩3ｇ、シナモン少々を入れて混ぜたところに、卵１個を少しずつ混ぜます。

3. 強力粉80ｇ、薄力粉20ｇ、アーモンド粉20ｇをふるいにかけて混ぜ、❶の中種を少しずつ加えて、こねます。

4. 麺棒で、生地を延ばし、2等分します。

蜜蝋で作るキャンドル温かな炎で私だけのクリスマス

はちみつって、おいしいですよね。でもミツバチがせっせと集めたものの上前をはねてるみたいな罪悪感がありましたが、自分たちが消費するよりもたくさん作るみたいなので、安心していただきます。

私の周りには、ミツバチを飼っている人たちがそこそこいます。これは、ここ20年くらいで知りましたが、ミツバチには西洋ミツバチと日本ミツバチがいるそうです。市場に出回っているのは、ほとんど西洋ミツバチですが、趣味で飼っている知り合いは、ほとんど日本ミツバチを飼育しています。日本ミツバチは、飼うのが難しく、しかも農薬にも弱いそうです。

ところが、趣味の人たちときたら、採算度外視で楽しんでいるということでしょうか。

日本ミツバチのはちみつをとった後の巣をいただきました。巣は全部蜜蝋出たり入ったり、巣の中でも忙しそうにたくさんのミツバチが動いています。
そんなミツバチを１匹ずつ眺めているのが好きです。

ミツバチの巣の不純物を取るために水と一緒に煮ます。煮始めはたくさんの
ごみが周りに飛ぶので、外窯が良いです。

でできています。蜜はほとんどありませんが、蜜蝋が取れるということを知ったので、作ってみます。

その巣を煮て、不純物を何度も濾《こ》して、冷めて水に浮かんだ蜜蝋を取り出します。蜜蝋はすごい保湿性があるようで、化粧品や皮磨き、木材磨きなどに使われます。私も使っていますが、水をはじくので布の上に塗ってラップを作るのも良いです。

今回はちょうど12月なので、一人クリスマスパーティーの彩りにキャンドルをたくさん作ってみました。

まずいただいた搾りかすを、いつものかまどにかけて煮ます。グツグツ煮え上がったら、金ざるで大きなごみをすくいとり、また煮て不純物を濾します。それから、紗布《さふ》で濾して、不純物のないきれいな蜜蝋を取ります。

蜜蝋の巣は、雨も風もよけられそうです、きっと細菌などもよける作用があるのではないかと、勝手に想像します。

優れ物の蜜蝋という素材を作り、6角形の均等な巣を作り上げていくミツバチってすごいなあと、いつもながらに自然界の営みに感心します。

自然界だけではありません。人間の体だって、皮膚や臓器や眼、鼻、各パ

1
―
2
―
3

1 水と一緒に煮たハチの巣を冷ましたら、水と蜜蝋に分かれます。その蜜蝋を集めます。

2・3 湯煎してとかした蜜蝋の中に、太めの糸を入れて引き上げて、これを繰り返してろうそくを形作りました。

やさしく揺れるキャンドルの炎。見飽きません。

とっておきの私だけのクリスマス。ススキのクリスマスツリーが踊りだしそうです。

ーツってそれぞれよくできてますよねえ……。蜜蝋見ていて、そんなことを思いました。

さあ、キャンドル作りに戻りましょう。できあがったきれいな蜜蝋を細長い器に入れて湯煎します。蜜蝋がとけたら、太めの丈夫な糸を蜜蝋の中に入れていきます。糸に蝋が付いたら、引き上げます。

蜜蝋の融点が65度ということで、湯煎の蝋の中から引き上げると、すぐに固まります。少し周りに蝋が付いた糸を、蜜蝋の中にまた入れます。これを繰り返して、ろうそくを作りました。

ミツバチが子どもたちのために作った巣は、御用済みとなり、形を変えて、キャンドルとなりました。

ミツバチたちがブンブン飛んで、たくさんの巣を作って、蜜を蓄えた。その巣をいただいてキャンドルを作って、ゆらゆらの炎をいっぱい灯して、そして始まる私だけのメリークリスマス。

柔らかい炎の中から、ハチたちがブンブンダンスを繰り広げそうです。ハチさんたち、ありがとう、そして、私だけのしあわせなクリスマスができたことに感謝します。

私の新しもの好きを支える Macと隣のおじいさんの話

「昔は昔、今は今のやり方でやらなければダメだ」

約30年前、やっとこさ貯めたお金で、AppleのMacintosh Performaを購入しました。私は、ADHDの特性上か、何にでもすごく興味を持ってしまうタイプです。

せっかく今の世に生を受け、ちょっと無理をすれば、何十年も前には、考え付かなかったようなことができるのなら、少し無理をしても使ってみたいと思います。私たちは、生まれ落ちる環境も、時代も、性別も一切選べません。私は左利きのADHDですが、これも生まれつきのようなので、選べません。あと10年早く生まれていれば、戦争中で、私の祖母の子どもたちのように、栄養失調でとっくに死んでいたかもしれない。最先端のコンピューターやスマホがある環境も、栄養失調で死んでしまうのも、理不尽ですが、ど

1

2

3

1 森を眺めながら、感じながら、ここで一日の大半を過ごします。
2 頭の中が爆発しているのかもしれません。
3 上の銅のレンジフードは打ち出しにするべく夜な夜なハンマーで叩いています。

うにも選べない。

その時代ごとに良い所も悪い所もあると思う。自分が居る場所や時代の中で、もがきつつ、少しあきらめつつ、より良く快適に生きるしかない。欲を言えば、少しは、人様のお役にも立ち、理想の自分に近づいていければと思います。たまたま自分が生まれ落ちた環境、時代の中で、少し背伸びをすれば手が届く最先端のものを使えるなら使ってみたい。おっちょこちょいで新しもの好きの私は、常々そう思っています。

遺跡発掘のアルバイトをして、どうにかお金が貯まりました。我々が手に入れられるパソコンの種類は、大きく分けて、MacとWindowsの二つ。今はWindowsも直感的に使えるようになっていますが、Macは30年前からそんな感じだったように思います。知人などがMacを使っていたし、コンピューターというと私の選択肢はそれに落ち着きました。私のように説明書読まないで、あてずっぽでぐちゃぐちゃ動かして使っている者にも、なんとなく使えてしまうような雰囲気がMacにはあります。

そうはいっても、当時はネットに接続するのも、手作業で大変でした。システムアップ、ハードディスクをクリーンにするとか、コンピューターといえども、人の手を介することが、多かったのです。今はパスワード入れるくらいで、勝手にネット接続してくれるし、システムもアプリのアップデートも楽になりました。そうこうして、iPhoneもiPadもMacBookも、さらにWindowsパソコンも、使っています。

高校1年の時、大阪万博のIBM館で長蛇の列に並んで、友だちと体験したテレビ電話。今では地球の果ての人とだって、iPhone一つですぐに話ができる。そして、YouTubeなどで気軽に自分の動画を発信できる。私がコンピューターを使い始めたころには考えられなかったことです。

今から40年以上前、築百何十年という古い家に一人で住んでいました。囲《い》炉《ろ》裏《り》があって、五右衛門風呂もかまどもありました。古い時代の生活をすぐ実行できる家でした。そこで私は、囲炉裏に当たり、煮炊きし、五右衛門風呂を毎日沸かして入っていました。普通の家庭では、ガスや電気で風呂も煮炊きもしていた時代です。私のように、煮炊きも風呂も薪《まき》を使う家は珍しかった。それでも、ごっこ遊びのように私はその生活を楽しんでいました。

隣には、小さくてかわいらしいおじいさんが住んでいました。その家でも、煮炊きもお風呂も囲炉裏も、私と同じように薪を使っていました。草木染めで糸を染め機を織っている私に、おじいさんは山に行けば、ヌルデに五倍子と呼ばれる虫コブができること、これは昔はインクの材料になったもので、秋になると、それも紅葉してきれいだと教えてくれました。

そして、「それは昔のやり方だ、今は今のやり方でやらないとダメだ」と、おじいさんの話の最後は、いつもそれで終わりました。昔のやり方でもよい、染料屋で五倍子を購入して使っていた私は、ヌルデの木で紅葉した、コブを一目見てみたいと切望しました。私は五倍子が山になる日を心待ちにしていました。おじいさんと山に五倍子を採りに行く約束をしました。おじいさんの食事は主に畑でとれた野菜とご飯でしたが、胃ガンになってしまい、段々弱っていきました。庭の柿の木に柿の実がたくさんできたころ、とうとう亡くなってしまいました。山では、五倍子が赤く染まっていたことでしょう。

今の私は、ネットショップで注文したものを翌日には受け取り使用します。iPhoneで撮影し、即SNSで発信しています。遠くの誰かと顔を見ながらお話しもします。iPhoneでAIと英会話する、YouTubeを見ながら体操して、パントマイムやダンスの練習もする。お釜に薪をくべてご飯を炊き、石臼で粉を挽いて蕎麦《そば》やパンをこね、オーブンに火を熾《おこ》しパンを焼く。

庭で採ってきたハーブでお茶を淹れ、拾ってきたカヤの実とクルミで頭をリフレッシュしつつ、編集作業です。

蕎麦の作り方はYouTubeで勉強する。その光景もiPhoneで撮影します。

今年もまた秋になって、我が家のヌルデにたくさんの五倍子ができました。私はこの五倍子を丁寧に採って染めました。「昔のやり方だ、今は今のやり方でやらないとダメだ」。その境遇に抗《あらが》うことなく生きていたおじいさんですが、きっと本気で、今のやり方を模索していたのかもしれません。

「今は今のやり方でやらないとダメだ」。昔むかし、田舎暮らしごっこをしていた私におじいさんは言いました。

自分のための器を作る できるできないではなく、やりたい!

私は、何にでも興味があって、やってみたいタイプです。自分の能力を顧みず、頭が先に動き出してやってしまいます。プロになって売り物を作ろうとかそういう気はなくて、好みのデザインで自分で使える物を作りたいというのが基本です。器に限らず、自分が使う物は何でも、なるべく自分で作れるといいなあと常々思っています。

そういうわけで、できるできないとか関係なくやってしまいます。そのせいでYouTubeを見てくださったりする世間の皆さんは、私を何でもできる器用な人だと思っているようです。実際はその筋の人が見れば、不器用とすぐにばれてしまいます。私は不器用だというのを隠しているわけではないので、ばれるというのは少しおかしいかもしれません。なので、完璧なものは、最初から求めません。何とか使用できれば良いというのと、気に入ったデザ

時間がかかっても、こつこつ積み上げていく手びねりで粘土の形を作っていきたい。

インになれば良いという最低のことだけを考えています。気に入ったデザインは不器用な私ですので、おのずとブサカワイイデザインを目指すということになってしまいます。

というわけで、今回は近所のかずさんに習いながら、普段使いの器を作ります。ろくろで作ると不器用な私でも、割と形の整った物ができますが、私は、手びねりで作る器が好きです。手びねりだと、器用な人はそれなりにきちんと、不器用な人はやっぱし不細工に仕上がるように感じます。

定年後、当地に越して、趣味の作陶を楽しまれているかずさんのところで、器を作らせていただきました。居住のログハウスとは別に、陶芸用の小さな家を自作されています。陶芸歴30年以上ということで、自作陶芸ハウスの中にはたくさんの作品が置かれています。その数々を拝見するだけでも、とても楽しいです。蓋をピッタリ合わせなければいけない急須や醤油さしは、私には絶対作れません。こういうものを作れる人は本当に尊敬します。

さあ、では私の手びねりを始めます。作るのは、お皿と抹茶茶碗です。抹茶茶碗は、ご飯を食べたりスープを入れたり、とにかく大きさが重宝します。それから、セットでお皿も作りました。陶芸の土は、粘土みたいに好きな形かずさんに私のブサイクな器を少し手直ししていただきます。

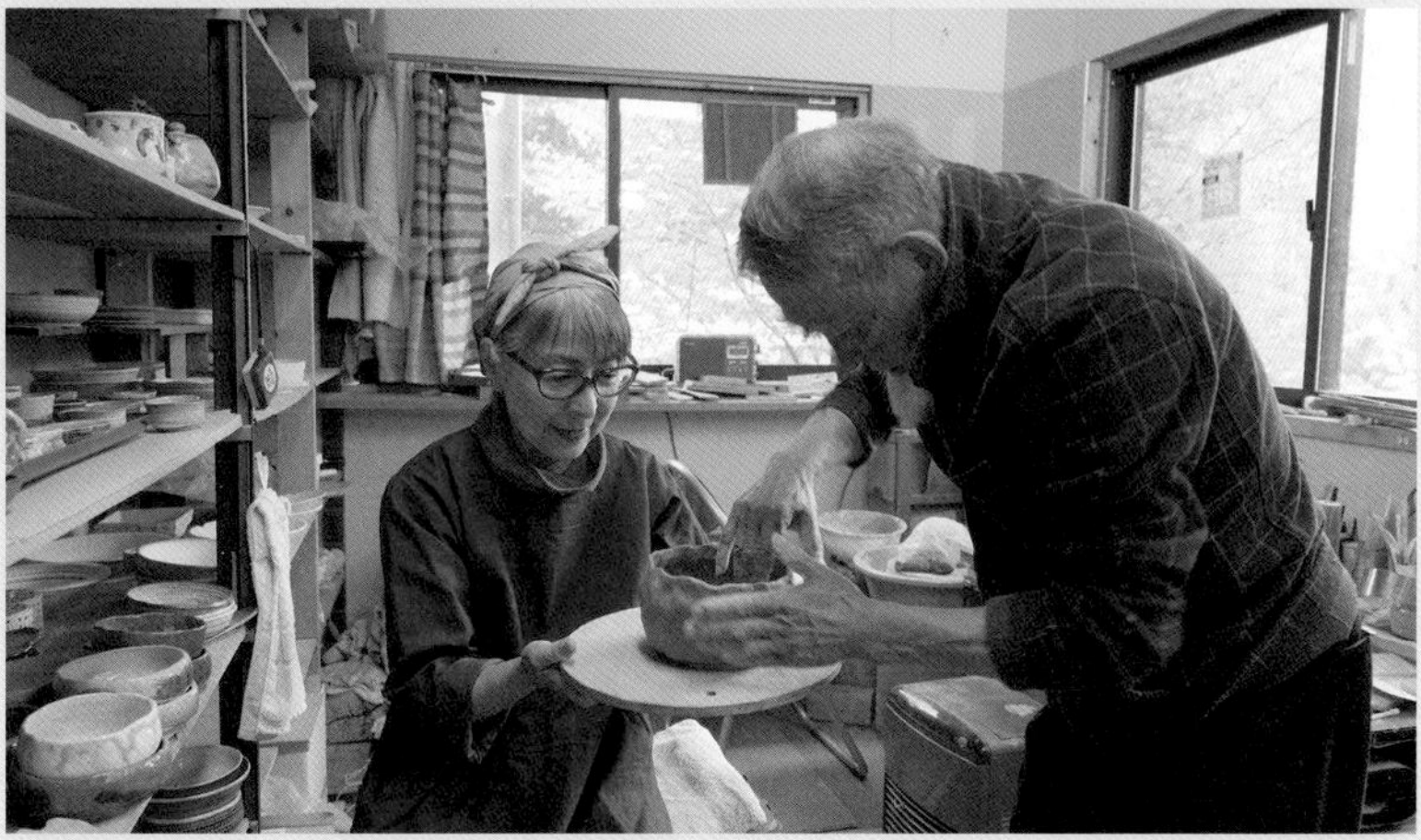

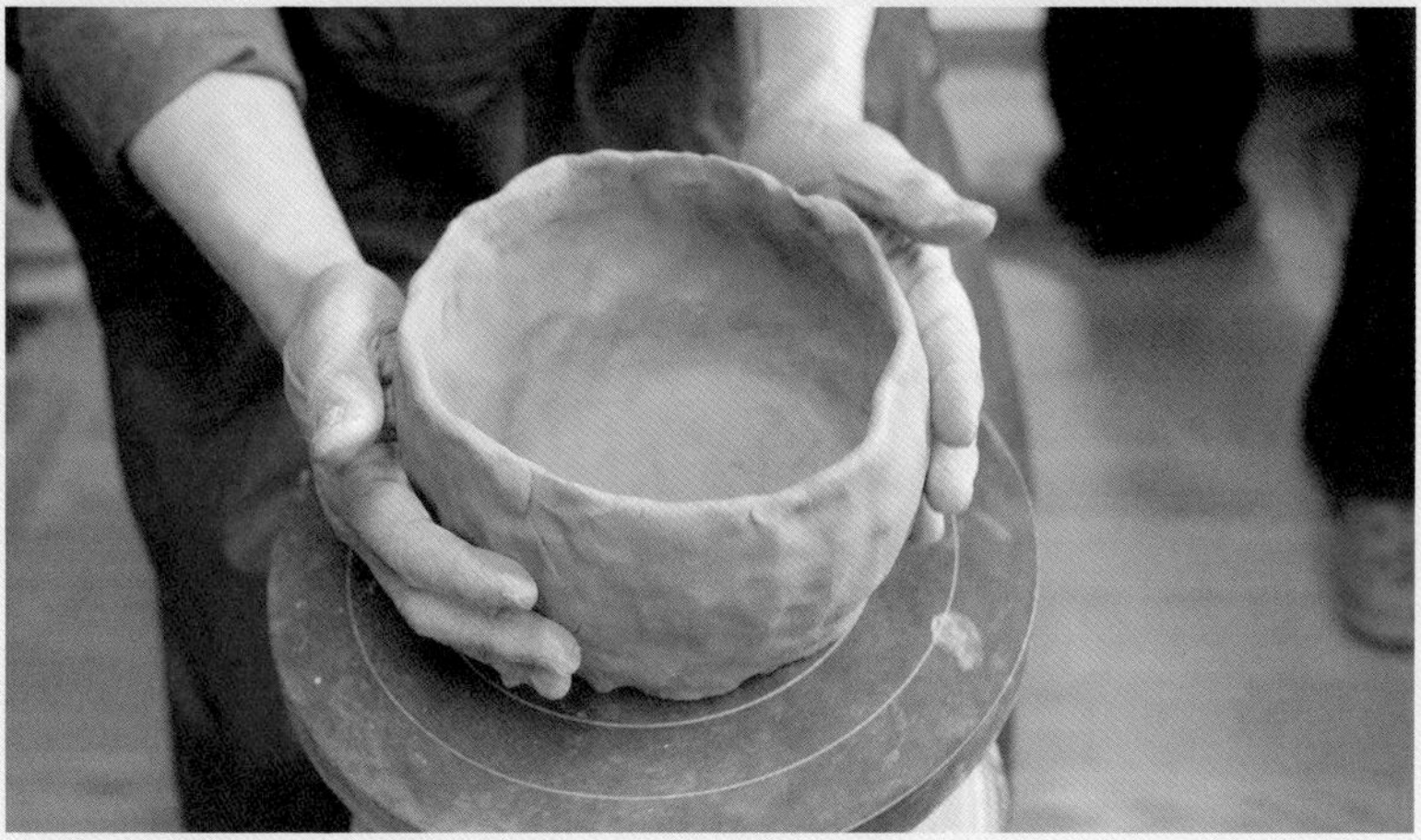

土の感触を確かめ体全体で感じ、形作っていく気持ち良さも、陶芸の魅力です。

少し大き目のお皿と抹茶茶碗は、おそろいの水玉模様。茶色系のおかずでもなんでも映えるといいなあ。

になるので、とっても楽しいです。

以前、村の陶芸教室で教えてもらった時は、土を細い紐《ひも》のようにして積み重ね、器を作りました。今回は、土を平たく丸くして、それを手のひらでバシバシたたいて、お皿の形にしていきました。抹茶茶碗も丸い粘土から形を作っていきました。

このほうが紐を積み重ねていくより、私に向いているかも。それから、分厚くなったところを削って、少し隙間ができたりひびが入ったりしたところは、水を含ませたスポンジでならしていきます。土って乾燥する前は、どうにでも変われる感じで楽しいです。私も一生乾く前の土でいたいなあ。でも、そうすると一生完結できないということになるなあ……。

そんな葛藤のあと、素焼きをしてもらって、いよいよ絵付けです。ブサカワイイを目指す私は、大好きなカラフルカワイイ水玉模様をたくさんつけました。その上に釉薬《ゆうやく》をかけます。すると、水玉も下地も汚れが付かず丈夫になります。いよいよ最後の仕上げ、本焼きをして器ができあがりました。

陶芸の師匠かずさんという強い味方を得た私は、ブサカワイイ器たちをこれからもどんどん作っていこう！　かずさん、よろしくお願いします。

森の木の実と干し柿を入れて贅《ぜい》沢《たく》な森のカンパーニュです

私は動いている獲物を目ざとく獲得する、あるいは、罠《わな》やえさをぶら下げて、辛抱強く待っているというのは苦手です。さりとて、もっと辛抱強く、毎日根気よく植物を育てることもできそうもなく、ただひたすら棚ぼたの生《な》り物にぶつかるのを幸運と思っています。よって、家の周りせいぜい半径100m以内の生り物と知人の家周りの生り物を拾い集めるのを喜びとしています。すごく幸運なことに、いつものお寺の敷地内には、山栗、カヤの実、姫ぐるみ、柿などたくさんなります。毎年この生り物をいただけることを、心より感謝いたします。

木の実に限らず、うちで賄えないたくさんのヤマブキ、コゴミなど各種山菜の類もいただいておったのですが、なんと今年は八重の桜もあるということがわかって、桜の花の塩漬けも始めました。

かわいらしい山栗は、小さい実の中にうまさが凝縮しています。

体全部使って穀物を粉にするという行為を、私たちは先祖から受け継いできました。

生地を発酵させますが、全粒粉やライ麦粉の多いカンパーニュは、それほど膨らみません。

ごつごつとした感じのパンとスープができあがりました。

脱線しました。今回は、こちらで拾った生り物でまず、山栗のポタージュを作りました。山栗は、おいしいです。とおり一遍のことを言ってもなんですが、山の栗をいただくようになったら、里の栗がなんとも物足りないというのか、水っぽく感じるようになりました。実は小さいですが、本当においしい。私の乏しいボキャブラリーでは、これ以上言えないのが残念ですが、それまでも栗はおいしいと思っていましたが、山栗は超おいしいです。すいません、語彙能力が乏しくて。

木の実の中では、皮が薄いのか、はたまたほっこりおいしい実が詰まっているせいでしょうか？　かなりの確率で芋虫みたいな虫が入っています。（この虫を信州の一部では、ほっこりおいしく煮て食べていたらしいですが、さておき）そういうこともあって、がんばって、トゲトゲで体の周りを防御しているのかも。このトゲは、見かけほどでもなく、靴のまま、両足でぐいぐい広げると容易に中の栗が出てきます。茶色い皮もそれほど硬くないので、歯でがりがりむいて熊や猿は食べているようです。

私も歯でがりがりできなくはないのですが、包丁があるので、それでむきました。玉ねぎをバターで茶色になるまで炒めて、むいた栗を炒めてミルクと煮る。ミキサーにかけて、もう一度煮て、山栗のおいしさが詰まったスープのできあがりです。

それから、干しブドウ40gと砂糖10gを200mlの水で溶いて、数日間発酵させた酵母液をそのまま使って、カンパーニュも作りました。

強力粉150g、ライ麦粉100g、全粒粉50g、塩6g、これを発酵した干しブドウ酵母液で練って、一晩冷蔵庫で寝かせて、また発酵させて焼きます。

いつもは、カヤの実と姫ぐるみのナッツを入れるのですが、カヤの実は、拾ってから、1週間灰汁《あく》につけてアク抜きをします。その後乾くまで陰干しします。よって、今回はまだカヤの実が準備できなかったので、去年の姫ぐるみだけ入れました。拾ったクルミは外側に汚い皮がついていますので、以前は土に埋めて、その皮が土になるまで待ちましたが、地中で回収できないクルミがいくつかあって、そのうち芽が出てきました。拾ったクルミはすべていただきたいので、最近はビニール袋に入れておきます。

袋の中で、コールタールのように真っ黒くなっていきます。その後洗って、干します。カヤの実の皮は割と柔らかいので、小さな金づちで軽く叩くと割れますが、山のクルミの皮は鬼のように硬いです。硬い石の上でしっかりしたハンマーで頭を思いっきり数回叩くと、姫ぐるみの場合は半分に気持ち良く割れて、中の実もきれいに取れます。山のナッツに干しブドウの天然酵母、まだ時期は早いですが、干し柿も入れると、最高に贅沢な森のカンパーニュができあがります。

焼くのは、オーブンストーブです。ガスや電気のオーブンと比べるとすごく手間暇かかります。温度管理も大変です。まず火を熾《おこ》します。火吹き竹で風をいっぱい送って、火力を上げます。炎とパンが焼けるのを交互に見つめながら、薪《まき》をくべている時間が私は大好きです。ずうっと昔の人から続いている、調理して食べるという行為が、生きるということにつながっていたことを実感できるひと時です。

さあ、お日さまや森のみんなからのおすそ分けの、山栗のポタージュとカンパーニュを「いただきます」。

時間をかける贅沢
森のカンパーニュ

（分量は１個分）

1 強力粉150ｇ、ライ麦粉100ｇ、全粒粉50ｇ、塩6ｇに干しブドウを発酵させた酵母液をそのまま混ぜ、よく練ります。

2 一晩冷蔵庫で寝かせてから、常温で１時間くらい置いて、発酵を待ちます。

3 何度か生地を折り畳み、形を整えて、210度のオーブンで30分くらい焼きます。まさにカンパーニュという名にふさわしい素朴なパンが焼き上がりました。

寒い日に作りたくなる
山栗のポタージュ

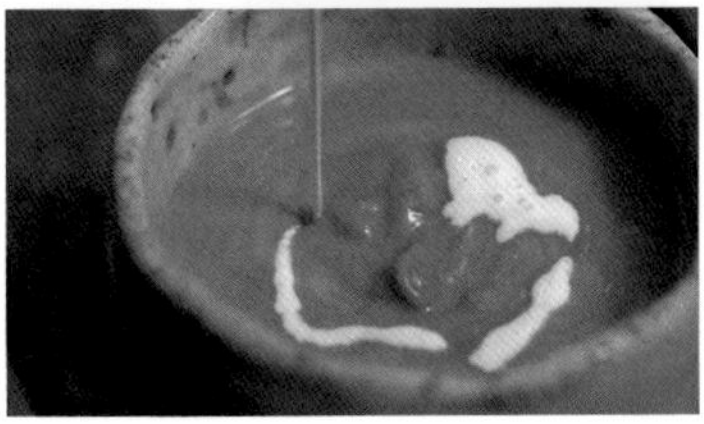

1. 山栗をむきます。
2. バターを入れて玉ねぎが茶色になるまで炒め、その中に栗を入れて炒めます。
3. 牛乳を注ぎ入れて、混ぜながら煮ます。これをミキサーにかけ、再度沸騰するまで煮ます。
4. 塩をひとつまみ入れ、最後に生クリームを入れてできあがり。

地元の料理研究家しずか先生から甲州人のソウルフードほうとうを習う

料理研究家のしずか先生は、小渕沢のスパティオ体験工房でパン作りの講師をしています。私も体験工房で染め物の講師をしていました。その時からのお付き合いです。

しずか先生は、お料理修業をしていた東京暮らしの他は、生まれた時から、ずっと地元暮らしです。

味噌作り、ほうとう、こんにゃく、甲州お赤飯、煮物など八ヶ岳ソウルフードの数々他、お菓子、ケーキなどレパートリーは古今東西多岐にわたります。今回は、幼い時には母親に習い、結婚してからは姑にみっちり仕込まれた、ほうとうを教えてもらいました。

海のない山梨は塩が貴重だったので、信玄がほうとうの麺作りには塩を入れないようにしたとか。そのため、塩抜き要らず、一度茹でることなく、直

1
2
3

1　強力粉と薄力粉各200gをボールに入れ、ぬるま湯を200㎖くらい加えて混ぜ、なめらかになるまでこねる。
2　打ち粉をしながら、厚さ3〜5㎜に延ばす。
3　半分に折り畳み、1㎝くらいの長さに切る。

接できあがった汁の中に、麺を入れます。うどんのようにコネを鬼のようにするでもなく、農作業の合間の調理、ちゃっちゃと作ってしまうコシがあまりない麺です。塩も入ってないし、すぐに汁気を吸い込み、ほうとう独特のねちっこい味になります。これが甲斐のソウルフードたる所以かも。

粉は地粉を使いますが、今回は、手に入りやすい強力粉と薄力粉を使用しました。ダシはイリコで取ります。後は、具材の野菜やきのこ、肉などから旨みが出ます。地元の人は、味噌を入れて煮込むようですが、しずか先生は、味噌は煮込まず最後に入れます。

かかさんたちは忙しい農作業の隙間に手際よく麺をこね、作っていきます。野菜もタンパク質も取れて、お腹も膨れる。

とっても合理的でおいしい甲州のソウルフードです。

鍋に水と煮干しでダシをとり、そこに豚バラ肉や白菜、大根、人参、じゃが芋、きのこ類、油揚げ、長ネギなどを入れ、柔らかくなったら味噌を加えて、かぼちゃを入れて煮る。

春待つ日の桜染め　琺《ほう》瑯《ろう》鍋《なべ》で満開に咲く

寒い冬がまだ続いています。

雪が冬の名残を惜しむように、静かにゆっくり降り続いています。この冬の雪は、これでおしまいでしょうか。

森の木々たちは、冬芽を固く閉ざし、降り積もる雪をやり過ごしています。そして、静かに春を待っています。枯れた枝がただそそり立っているように見える森も、木々の一つずつの枝には、小さな冬芽と一緒に、着々と芽吹きに備えて、大地から吸い上げた養分を枝先から花芽《はなめ》や葉芽《ようが》まで、巡らせています。

枯れ葉のお布団はあったかいですか？　朴《ほお》や桜や栗やいろんな落ち葉の下では、シダやアケビの緑色の葉っぱたちが、枯れもせず氷点下の厳しい寒さをこっそりやり過ごしています。気の早いリョウブは、上の皮を脱ぎかけて

1
2
3

1 最後の雪がシンシンと降って。春への期待がより高まるような日。
2 枯れた枝にも春を待ちわびる芽が。
3 枯れ葉の下では、たくさんの緑色の葉っぱたちが寒さに耐えています。

います。もっと気の早いリョウブの芽は、その皮をはがして、葉っぱだけになっているのもいます。それで寒くないの？　とも思いますが、きっと寒くて、後悔しているのかもしれません。どこの世界にも、そういうおっちょこちょいっていますね。

桜の葉芽、花芽も大きく開く日を待ちわびています。

四季折々の森の営み、さまざまな色や形で寒さをやり過ごすかわいらしい冬芽たち。外から見ると静かな森の冬芽の光景ですが、枝や樹木の中では、たくさんのエネルギーを沸々と湧き立たせていることでしょう。そういうエネルギーを貯め込んだ桜の枝を少しいただいて、煮出して染めます。

煮出しているある瞬間に、液はぱっと赤みを帯びて、周り中のものをピンク色に染めて、まるで満開の桜が咲いたようです。

この時エネルギーのようなものが、私の中を通り抜ける不思議な感覚をいつも感じます。本当に桜染めは神秘的です。芽吹きから始まった桜は、花を咲かせ、葉っぱを広げ、実をつけ、紅葉して、葉を落とし、静かに冬をやり過ごし、冬芽の中で大きくエネルギーを貯め込んで、春を待つ。このパワー

1
2
3

1 凛とした朴《ほお》の冬芽。
2 左はレンゲツツジの種の出た後の殻、右は冬芽。
3 桜の冬芽、大地のエネルギーをこの先っぽまで巡らせています。

のおすそ分けをいただき、満開の桜を詰め込んだひと時です。

思うものを持てた時のしあわせ、眠りにつく時のしあわせ、子どもが生まれた時のしあわせ、気の合う人と過ごす時のしあわせ。しあわせにもその時々や人それぞれで、いろんな形があると思う。

私は、この桜のエネルギーを毎年体中で感じられるひと時を、とてもしあわせに思います。生きていることが体中で実感できます。

赤みは布へと移行します。最後に、灰に熱湯を入れて何日も放置して、その上澄みで作った灰汁《あく》につけ、染料を定着させる媒染《ばいせん》をしますと、より赤みが増します。

満開の桜色のできあがりです。ひと足早いお花見のように思います。

この桜染めは、春を迎える森の年中行事です。この季節を迎えられたことに、桜に、森のみんなに、お日さまに、今年も感謝します。

春待ちの 桜の枝が 沸々と 琺瑯鍋《ほうろうなべ》で 満開になる

枝からいただいた春のエネルギーが少しずつ布を満たしていきます。

満開の桜が、私や布や森をいっぱいにします。

5 煮出した液に布をつけます。

6 30分くらい煮ます。

7 最後に灰の上澄み液（灰汁）に30分くらいつけて媒染後、よく水洗いしてください。灰汁は、灰が沈んで透明になるまで1か月くらいかかります。

ひと足早く満開の桜

桜染め

1. 花咲くエネルギーを貯め込んだ枝を煮出します。

2. 2時間煮出して、一晩放置しました。
※もっと液をたくさん作りたい場合は、この枝で数回煮出しを繰り返します。

3. 液を濾《こ》します。

4. 桜の樹木の中から、冬芽まで脈々と通っていた血潮のような液です。煮出し液は2週間くらい放置するともっと赤みが濃くなります。

山の師匠ばあちゃんが本物の山暮らしの知恵を伝授

八ヶ岳の地の利でしょうか？　他県より、特に関東からの移住者が多いです。私の数少ない交友関係では、移住者半分、地元の人半分くらいです。地元の昔話や、料理、山に生えたキノコや山菜について教えてくれるひろみさんは、御年80歳のばあちゃん。私は、山の師匠ばあちゃんと呼んでいますが、山を歩くのが大好きです。といっても、山を愛でて歩く山ガールではありません。

師匠ばあちゃんに山を愛でている暇はないです。山菜、キノコを、幼少期より育んだ眼力で、瞬時に見つけ、素早く採ります。山に山菜やキノコがなかったら、きっと彼女は山には行かないでしょう。形として得るものがなければ、動かないという私と同じタイプの人間です。そういうところで気が合うのかもしれません。私が山の師匠ばあちゃんと呼ぶ所以です。

彼女は私より10年先に生まれただけですが、コンビナートの灯《あか》りと工場の煙を見て育った私と違って、その両親も代々、山の暮らしを受け継いできており、山暮らしの人々のサイクルの中で、生まれ育ってきました。そういう環境で山村生活をずっとしていたので、地元の風習や料理、漬物などに詳しいです。どれだけ長く山暮らしをしようとも、先祖伝来のものを肌身に感じ

「山の恵み」を食い尽くす知恵をもつ師匠とは、なぜか気が合うのです。

師匠は話しながらも手が止まることはありません！

牛乳と酢と塩と砂糖で大根を漬け込むだけ。簡単にできる重宝な作り置きは師匠伝授の一品。

ながら育った人、経験や感覚で身に着けた知識には追い付けません。

師匠の豊富な交友関係で、私もさまざまな山の恵みをおすそ分けにあずかってきました。今では道の駅や土産物屋にもありますが、直接、山の人たちよりの授かりものです。

キハダの皮、イワタケ他珍しいキノコもいろいろ、鹿やイノシシ、クマなどの肉、イナゴの佃煮、へボの佃煮など。へボは、黒スズメバチの幼虫のことで、山間部の人たちにとっては、貴重なタンパク源だったようです。

トノサマガエルの肉を木にぶら下げておいて、ハチをおびき出し、そのハチに真綿を括り付けます。ハチが飛ぶと真綿がずるずる伸びます。その真綿の糸を目印に追いかけ、巣の場所を見つけます。見つけた巣の中に煙幕を焚いて、巣ごと持ち帰り、中の幼虫をとって佃煮にします。

イナゴもへボの佃煮もいただいたことがありますが、慣れていない者には、正直おいしくはありませんでした。しかし、タンパク源の少ない山間部での、人々の生活を感じられる味でした。他にも、田んぼのツボ（タニシ）掘りやドジョウ獲りの話など、師匠ばあちゃんの思い出話は尽きません。

今日は以前からお願いしていたとびきりの沢庵漬けを教えてもらいました。

なんと、師匠のお父さんも代々使っていた沢庵桶と重石をいただきました。そこから私の沢庵漬けは始まりました。

まず、師匠から、大事な桶の扱い方を教えてもらいました。漬けた沢庵が全部なくなった後も、桶の中にそのまま、ぬかを入れて1年置きます。乾かして置いておくと桶が乾燥してタガが外れたりします。漬ける1週間前に桶にいっぱい水を入れて、その後きれいに洗って使用するそうです。

さあいよいよ沢庵漬けが始まりました。ぬか、あら塩、鷹の爪、ナスの葉っぱ、昆布と干した大根を入れていきます。どんどんこれを積み重ね、最後に大根の乾燥葉をかぶせ、その上に、重石をのせます。これだけですが、おいしい沢庵にも、そうでない沢庵にもなります。

師匠より桶とおいしい沢庵作りをバトンタッチされた私は、これから毎年、おいしい沢庵作り目指して、がんばっていきます。そうして、沢庵だけではなく、他にもいっぱい私の中に伝えるものが貯まったら、誰かにバトンタッチしていければと思っています。

こうして時代を超えて、つながっていけたら、先人から未来の人たちへと連綿とつながる、輪の中の一人になれたらいいなあと思っています。

カチグリは　じゅずにして乾燥させて、お正月さん（お正月に飾り付けるもの）として飾って、少しずつ食べます。これも師匠に教えてもらいました。カチグリという名前が勝つイメージで縁起が良いものです。

倹約して、我慢せず使う
一度きりの人生、しあわせを全うするために

私は一人暮らしですが、フリーランスの夫がいて、それぞれ一人暮らしをしています。彼の年金がどれだけあるか知りませんが、そんなにないでしょう。金に縁遠い私たちです。まあ、ほどほどに食っていければ良いと思っています。夫もどうにかやっているようですし、私もどうにかやっています。

大金が入ったことはないですが、不思議とどうにか生きてきました。家計簿をつけるとか、私の性格上できませんし、光熱費だって、冬は手袋して洗い物をするなどかなり倹約しています。とにかく抑えるとこは、やっているので家計簿は私にとっては時間の浪費です。

私のように、カツカツの生活をずっとしてきた者に、国民年金を毎月払うのは、大変なのでちっとしか払っていません。よって3万弱しかもらえません。満額もらえても6万円くらいらしいです。どっちにしても物価高の昨今、

厳しいです。

私はもともとかなりお金を使わない、世に言うケチというタイプの人間です。今までひとり息子が3万送ってくれていたのですが、世間の評判が悪いし、使ってなかったので断りました。自分でできることは自分でやって倹約します。例えば、ヘアカット、これはお金と時間が浮きます。洋服を作る。自分好みのものが、安価でできる。家のリフォームなど自分でできるものはやる。生活上必要なもので、自作できるものは作ります。ただ、クラフト市やネットショップの注文が続くと、作る時間がなくなります。そういう時は、とりあえず百均などで済ませ、後でと思って、作りかけているものがかなりあります。でも、お金を稼ぐことは必要なのでそちらを優先させます。もらえる物はとりあえず貰う、不要だったら他に回す。

食事は自分で作る。大豆や小豆などの原材料までは、手が回りませんが、麹、味噌、ヨーグルト、マヨネーズなどの基本調味料から自分で作ります。ザワークラウト他漬物は、すぐ食べられるし、ヨーグルトの種や調味料代わりにも使えるので常備しています。麹は米と麹菌でできます、米に麹を種にして麹菌なしでもできます。その麹で味噌の他さまざまな発酵食品ができます。納豆は藁《わら》と大豆があればできます。パン、そばなど麺類、お菓子なども作ります。これらはご飯を食べていれば良いので、贅沢品《ぜいたく》かもしれませんが、味噌汁と発芽発酵玄米のご飯とちっとのおかずばっかりでは飽きます。

たまには私だって贅沢したいです。どっちにしても、自分で調理すれば、材料にこだわれるし、安上がりにできます。健康のためにもなると思います。健康でいることが、究極の倹約方法です。

私は毎朝、YouTube見て、ヨガを10分、NHKのみんなの体操をして、10分足踏みなどの体操、腕立て伏せ、スクワットなどを5分くらい、その後ダンスのステップとパントマイムを練習します。ダンスはYouTubeでファッションショーしているので、その時かっこよく決めたいと思っています。

お金を使わない方法としては、不要品もしくは労働の物々交換も良いです。自分にできることや余っている物が、誰かにとっては宝物だったりします。私は人と一緒に仕事ができない人間ですが、得意な人もいるでしょう。お金を稼ぐときは大抵社会との接点ができるから、年寄りにとっては悪いことではないと思います。

お金がすべてではないけど、きれいごとを言っても、お金がなければ生き

YouTube見ながらパントマイムの練習をしています。独学だし、たくさんの時間を割けないので、あまりうまくなりませんが、とっても楽しいです。この写真は、ロープを引いているところです。見えますか？

ていけないので、とりあえず最低限は稼ぐしかないです。その中で、なるべく楽しく仕事はしたいものです。でもお勤めに出て、人と交わればうまくいかないこともあります。どれだけポジティブに思っても、辛い時は逃げるしかないかもしれません。病気で働けなくなることもあります。どうしてもどうにもならない時、最後は行政を頼ってでも生きてほしいと思います。

私も石にかじりついても生きるという貪欲な気持ちを持っていたいと思います。プライドなんか何の役にも立ちません。今までのこともすべて捨てて、とにかく生きることです。生きてたら、きっといいこともあります。困っている時はお互い様です。そのくらい寛容な社会であってほしいと思います。

それからいつも思うのは、いくらないと老後は乗り切れないと、世間もマスコミも煽ります。だけど、60過ぎてそんなに煽られても、仕方ありません。

仕方ないものを考えて気持ちが落ち込んで良いことはありません。病は気からと言います。焦らず、煽られず、空を見て、木や山や海やお月さまやお日さまや、そんなものの声を聞いて。それから、自分にできることとやれることを考えます。

一度きりの人生です。楽しくしあわせに生きたいし、生きてほしいです。この世に人として生まれた奇跡、このスーパー幸運を、しあわせを、私は全うしたいと思います。今ある環境でやりたいことをやる、いちばんしあわせになる方法を考える。やりたいことのためには、犠牲にするものもあるかもしれない。お金も必要かもしれない。私の場合は、とにかく倹約して、ほしい物ややりたいことに使います。

誰が何と言おうとお金は大事です。

生活を楽しむ　ウリウリばあちゃん10か条

1

ずっと夢を見続ける人でいたい。

2

そのためには体が第一。
元気でいるために、
体作りと食べ物に
気をつかっていきたい。

3

ストリート系ヒップホップ系ダンスのステップをYouTubeで勉強中。かっこよく踊れるようになって、YouTubeショートでやっているウリウリばあちゃんファッションショーで踊りたい。

4

20代の時にパントマイムやるといいといわれたのが、ずっとひっかかっていた。それでパントマイムの練習をYouTube見ながら始めている。あの時、その人の言うことを聞いてパントマイムやってたら、どうなっていたかなあと、今になって時々思うようになったので、それじゃあ、やろうと思った。

5

なるべく、
「いやな人とは会わない、
いやなことはしない、
いやな時間は過ごさない、
いやなものは食べない」。

6

限りある時間なので、
時間を無駄にしない
ようにしたい。

7

せっかく
今を生きているのだから、
今ある一番新しいことを
知って、できることなら、
それを取り込み、
使っていきたい。

8

さまざまな
ことに
興味をもち
続けていたい。

9

ファッションも住まいも、
自分らしく快適で
心地良くあるために
とても大切なことだと思うので、
こだわっていきたい。

10

以上に限らず、
今までやりたかったけれどやれなかったこと、
やりたくなったことをやりたい。

自然を楽しむ　ウリウリばあちゃん10か条

1

お日さまと お話しする。

お日さまとお話しする。お日さまの陽を体全部で受け止めて、感じて、体中を満たす。

2

お月さまと約束する。

満月にお願いする、自分の夢を話すことによって、夢を具体的にでき、お月さまにお願いしたという励みになる。お月さまとの会話で、お月さまが背中を押してくれる。

3

桜の枝を取って染めるという会話。

桜の開花を見て美しいと思う会話。桜の木に集まる鳥たちの囀《さえず》りを聞く。桜の木でのお話がたくさん広がる。

4

長く伸びた ススキを見て会話。

ススキ海原に身を委ねるという会話。ススキの穂を採って満月に飾るという会話。

5

よもぎの葉っぱが朝開いてからのあいさつ。

よもぎの葉っぱをとってお茶や餅にするという会話。葉を染める会話、お日さまが沈んだら閉じた葉っぱを見て話す。よもぎとの会話。

6

虫たちとおしゃべり。

ゆらゆらダンスのナナフシ、忙しく動くアリ、卵の産み場を探すカマキリ、巣で獲物を待ち受けるクモ、土の中でウゴウゴするミミズ、そんなものたちとのおしゃべり。

7

季節のサイクルに合わせて、その中に自分を委ねる。

季節との会話。例えば、芽吹いたら、芽吹きと一緒にそれを見て感じて食べて、芽吹きの中に自分の体を置く。毎年新たな気持ちで芽吹きを迎えることができるありがたさ。

8

雨や雪や風を感じる。

そんな物との会話、大雪や豪雨の時も、サラサラ降る雪や気持ち良いそよ風の時も、あるがままに感じ、受け止めていきたい。

9

いろんな奇跡。

宇宙という奇跡、私という奇跡、この場にいるという奇跡、小さな日々の驚きと奇跡を積み重ね受け止め、その中で淡々と生きる。

10

全ての物に感謝を。

お山や木々やつまずいた石ころ、私の全部にも愛おしさ、敬愛、感謝をもっていれば、みんな受け入れてくれる、お話ししてくれる。

おわりに

只今69歳、世が世なら、姥捨て山へ息子に背負われて、捨てられ、山で一人、木の皮を喰ってしぶとく喰いつないでいたかもしれない年齢です。が、今は、どうもばばあブーム、いえお姉さんブームのようです。50、60はひよっ子、70、80、90どこまで延びるばあちゃんの寿命。ありがたいことです。良い時代にばばあにさせていただきました。

来年70になる私も何とかこのブームに便乗させていただき、残りの人生を清く、正しく、美しく、しぶとく生きたいと思う今日この頃でございます。

願わくば、そのままブームが続いて天寿を全うしたいものです。

世の中そんなにうまくはいかないかもしれませんが、お姉さま方のお召し物の裾をにぎりしめ、振りはらわれても、しがみついていたいと思う69の春です。そんなお姉さんブームでありますが、私のYouTubeのチャンネル名は「ウリウリばあちゃんの楽しい田舎暮らし」。もろばあちゃんでございます。60も70も80も、自分のことをばあちゃんと思っていない意識高い系お姉さま方が多い中で、ウリウリばあちゃんなんて自ら名乗っている輩は、いやがられます。60代でばあちゃんというなと、同年代以上のお姉さま方に非難されましたが、私の人格形成上、漬物石のようにのしかかるインパクトの強かったばあちゃんと、その孫の私の二人三脚の意味も込めたネーミングであります。

と、YouTubeで説明するのですが、同年代のばあちゃんと呼ばれたくないお姉さま方には、いまだに不満がくすぶっておるようです。確かに、68歳で亡くなったばあちゃんは、腰が90度に曲がって、ドブネズミ色の腰巻と着物に帯か紐《ひも》かわからないような物を巻いていました。すり切れたつまようじみたいな歯1本でせんべいでもするめでも、貪欲に食らっていました。どこから見てもばあちゃん以外の何者でもありませんでした。今のお姉さま方とは大違いです。

私もお姉さま方に続いて、ガンガンぶっ飛ばしていきたいと思います。が、若い人たちの足だけは引っ張らないようにしたいので、口先だけで申し訳ありませんが、「若人よガンバレ」を連呼させていただきます。

お姉さま方のお召し物の裾にしがみつき、若い子にもガンバレと応援しつつ、ウリウリばあちゃん、ぶっ飛ばします。

そんなことではなく、この本の締めくくりでございました。

1冊目の出版依頼があった時は、無名の素人にそんなことあるわけない！　90％詐欺だと思っていました。残り10％は願望で、あるといいなと願っておりました。本人が信じていないので、家族が信じるわけがありません。騙《だま》されているに違いないとずっと思っていたようです。

息子は先日、私の本を書店で目にして、やっと、私が騙されていなかったことを納得したようです。本を出すのが私の夢というのを知っている夫は、最初は良かったねと言ってくれましたが、2冊目もといったら、それはさすがにおかしい、騙されていると言い出しました。よって、この本が書店に並ぶと晴れて騙されていなかったことを家族が納得するという、我ながら、どういう家族なんだろうとは思いますが、まあええわ。

ちなみに「まあええわ」というのは山口弁でありまして、なんか行き詰まったとき、どうにもことが解決しないとき、あるいはどうでもよいことなどの最後に「まあええわ」と言って会話を締めます。貧乏ながら明るいだけが取り柄の我が家では、「まあええわ」がほとんどの会話の締めになっていました。どうにもならないこともどうでもよいことも、思い続けるのは、体に悪いです。早死《はやじ》にするかもしれません。とっとと「まあええわ」で終わらせるのがよいでしょう。庶民の生活の知恵から生まれた言葉なんでしょう。

私はこの「まあええわ」という言葉が好きですが、やりたいことはそれなりにやったるわいとがんばります。やるぞ、やったるわい、もごもご、そのうち、まあええわ、それでも、やるぞ、やったるわいがぐるぐる回って、最後はやったあ！　のときも、まあええわのときもあります。

皆さん、どんだけ転んでも、起き上がって明るく楽しくいきましょう。いえ、転んでるの好きな方は、転んだままでも良いですけど、楽しく、まあええわでいきましょうね。

とにかく、最後までお付き合いありがとうございました。

ウリウリばあちゃん

著者　ウリウリばあちゃん

1954年山口県生まれ。上京後、映画の衣装部などの仕事を経て、多摩織を絣職人に習う。集落の古民家で10年間の暮らしを経て、八ヶ岳に移住。織ったものや染めたもの、手作りの洋服などをネットショップなどで販売、6年前からYouTubeチャンネル「ウリウリばあちゃんの楽しい田舎暮らし」で田舎暮らしを発信中。著書に『68歳、つつましくも贅沢な暮らし』（大和出版）がある。

撮影　春日井康夫（かすがい やすお）

技術会社のTVカメラマンとして14年間勤務。その後フリーランスとなり現在に至る。主な代表作はNHKスペシャル「映像詩　里山」（イタリア賞受賞）、日仏合作ドキュメンタリー映画「千年の一滴だし しょうゆ」など。今後は身近な自然やSDGsをテーマにした動画を制作していきたいと考えている。

※2022年5月よりYouTubeチャンネル「森のしあわせ時間」で、ウリウリばあちゃんの森での生活を叙情的な映像作品として紹介している。

Staff

装丁・本文デザイン　大橋千恵（Yoshi-des.）

編集協力　片岡弘子、秋田葉子（ウィル）

ＤＴＰ　岡田由美子、新井麻衣子（ウィル）

校正　山口 舞

編集担当　神山紗帆里（ナツメ出版企画株式会社）

四季《しき》折々《おりおり》の八ヶ岳《やつがたけ》を楽《たの》しむ
69歳《さい》、しあわせを生《う》み出《だ》す自然《しぜん》な暮《く》らし

2024年3月6日　初版発行

著者　ウリウリばあちゃん　©Uriuribachan,2024
撮影　春日井康夫《かすがいやすお》　©Kasugai Yasuo,2024

発行者　田村正隆
発行所　株式会社ナツメ社
東京都千代田区神田神保町1-52　ナツメ社ビル1F（〒101-0051）
電話　03-3291-1257（代表）　FAX　03-3291-5761
振替　00130-1-58661

制作　ナツメ出版企画株式会社
東京都千代田区神田神保町1-52　ナツメ社ビル3F（〒101-0051）
電話　03-3295-3921（代表）

印刷所　ラン印刷社

ISBN 978-4-8163-7502-6　Printed in Japan
〈定価はカバーに表示してあります〉
〈落丁・乱丁本はお取り替えします〉

本書に関するお問い合わせは、書名・発行日・該当ページを明記の上、左記のいずれかの方法にてお送りください。電話でのお問い合わせはお受けしておりません。
・ナツメ社webサイトの問い合わせフォーム
https://www.natsume.co.jp/contact
・FAX（03-3291-1305）
・郵送（右記、ナツメ出版企画株式会社宛て）
なお、回答までに日にちをいただく場合があります。正誤のお問い合わせ以外の書籍内容に関する解説・個別の相談は行っておりません。あらかじめご了承ください。